CW01660412

Aurelic

Antologia Poetica

Poesie 1978-2018

Youcanprint

Titolo | Antologia Poetica - Poesie 1978-2018
Autore | Aurelio Nicolazzo
ISBN | 978-88-31638-90-6

Le fotografie contenute in questa edizione, sono opera dell'autore.

Youcanprint
Via Marco Biagi 6, 73100 Lecce
www.youcanprint.it
info@youcanprint.it

Aurelio Nicolazzo

Immagini Essenziali

Poesie 1979-1991

Prefazione "Immagini Essenziali"

Nella mia gioventù, nella pubertà, cominciai a scrivere poesie, trovando conforto dai problemi psicologici che mi tormentavano e mi impedivano di vivere felicemente la mia giovinezza, come non felice era stata l'infanzia, segmentata in tanti trasferimenti per l'Italia, avendo perso ogni volta gli amici cari e avendo dovuto ricominciare sempre tutto da capo. A Roma è avvenuta la mia formazione e la mia crescita come uomo, avendo dato sempre il meglio di me stesso, nello sport come nell'istruzione, con gli amici e con i parenti. Il "male di vivere" di origine montaliana è dunque sviscerato in queste prime poesie, dagli accenti a volte crepuscolari. Alcune delle poesie presenti in questa raccolta sono confluite nella raccolta "Istante" che è stata pubblicata nel 1997 per la Lithos Editrice. Raccolta custodita, per mio onore, alla Biblioteca Nazionale di Roma. Mi sembra giusto però perorare il periodo migliore della mia gioventù, pubblicando la raccolta completa di "Immagini Essenziali" e pubblicare, insieme ad essa anche le altre seguenti. La poesia è stato il mio primo cimento e qui se ne vedono gli esiti iniziali, che mi hanno poi spinto a continuare a scrivere in tutti i settori, e, quindi, anche per il cinema e a lanciarmi nel vasto mare della pittura, come nel possente fiume della fotografia artistica. Buona lettura.

L'autore

DAGHERROTIPO

Dagherrotipo di altri tempi, altre terre:
uomini liberi a cavallo
per le sconfinate distese della terra di Colombo;
terre selvagge, in principio presidiate
da uomini incivili[1], in seguito dalla Parola di Dio
Violenza, terrore, sangue e prigionia
portò la Parola di Dio;
ma armenti muggenti e scomposti
sono indirizzati verso i recinti,
i recinti dei grandi capi potenti
L'onore degli uomini incivili fu vinto dall'alcool
e lasciò il posto al grande mostro sbuffante su
rotaie

Nacquero grandi città
sulla potenza del metallo giallo
ma ora c'è il filo spinato,
le strade coi loro mostri sbuffanti a quattro ruote
che hanno fatto fuggire i cavalli
Nelle sconfinate terre selvagge
sorgono ora enormi cattedrali
piene di violenza e di morte
Il primitivo sogno di pace e libertà
è scomparso...
Solo un rossastro tramonto
è testimone di tutto questo

---

[1] "Incivili" è in senso ironico e amaro, venivano così considerati gli indiani d'America dai conquistatori occidentali. E invece erano detentori di una civiltà spirituale che prevedeva antichi progenitori provenienti dal cosmo, come è credenza comune fra loro e in noi.

IL SOLAIO

Salgo su, nel solaio
pieno di quelle cose di pessimo gusto
che lo hanno impolverato tutto,
come la curiosità verso l'occulto
spinse l'uomo alle esplorazioni e alle scoperte,
così io scopro documenti rari
di un passato remoto
Proprio lì, dentro una cassetta,
una parte di storia abbandonata rivive
Antichi parenti marciarono
di città in città, da Quarto fino a Napoli
per l'Unità della grande Figlia dell'Aquila
Altri tornarono dalla Russia sconfitti,
ma vincitori sulla morte;
e proprio di questi ne rimiro la spada
che fu là, vicino al divino Napoleone
Mentre sfoglio antiche lettere
un vecchio grammofono tace,
tace una musica carica di desiderio d'indipendenza
Sono in un altro mondo
Sono in un'altra epoca
Un unico spirito univa l'italo volgo:
l'amore per la libertà
Mentre sfoglio antiche lettere
fantasmi[2] di uomini in divisa e in marsina
si affollano intorno a me
e mi avvolgono di un applauso
percepibile solo al mio spirito
Mi sveglio dall'antico sogno
per i rintocchi della campana
che annunciano la sera

---

[2] Si tratta della prima percezione dell'aldilà che abbia mai avuto. In età molto giovane.

LA LAMPADA MAGICA

Se avessi la lampada delle mille e una notte
chiederei al genio prigioniero di calare il velo
alle tre enigmatiche odalische dell'Harem della vita

Se avessi la lampada delle mille e una notte
chiederei al genio dei desideri di far affiorare
dalle acque la gloriosa Nike della pace
per l'umanità tutta

Se avessi la lampada delle mille e una notte
chiederei al genio ormai libero di far saettare
dall'armato Cupido un dardo soave nel cuore di
Afrodite

Se avessi la lampada delle mille e una notte
nulla più potrei chiedere ma avrei la certezza
di aver cercato le chiavi per aprire la porta
dell'eterno inganno umano

LA LUNA

La luna è il misterioso scrigno dorato
dei nostri sogni

SON QUI SOLO

Son qui solo
come un piccolo passero infreddolito
e i miei sogni sono
una sfera di cristallo in bilico sul mondo

CASERME

Fuggire da questa misera condizione
per raggiungerne una peggiore
aspettando che torni il conto dei dadi

IL FIUME

E' da tempo che un fiume, un enorme fiume
preme sulle robuste pareti di una diga
Nessuno mai potrà da solo
distruggere quel muro
Ma attraverso il tempo, che trascorre lento,
una forza sconosciuta preme
per superare l'ostacolo;
e allora moriranno i costruttori e i loro figli,
ma ci sarà un giorno di felicità
in cui il fiume ritroverà il suo letto
e scorrerà libero per l'eternità.

E SI FA SERA (RIFLESSIONI)

Uno spioncino sul mondo
è la finestra della mia villa
rilucente della sua semplice antichità

Il niente mi circonda
e le mie orecchie sono assordate
dall'ascoltare il rumore del nulla

Eppure il mio sguardo percorre curioso
strade che uniscono, come un bricolage,
i colorati ritagli del paesaggio a me caro

Il sole cala alle mie spalle
mentre vivaci colori
tracciano, lontano, il profilo dei monti
che si specchiano scuri sul golfo

Non alte scogliere calano a picco su di esso
ma una fertile pianura
corre per salire sui vicini monti
che mi proteggono le spalle

Lì nella collina
che mi riverisce con un inchino,
giace il mio paesino, caro al mio cuore

Esso si svuota
ubbidendo ai tocchi della campana
come un bravo soldato al suo comandante

Anche tu, o dolce fanciulla,
ormai stanca dal difficile studiare,
per il duro lavoro domestico,
ti chiudi nella cameretta

che hai arredato di bambole ed orsetti
per piangere e sognare

Una lacrima bagna le pagine del diario
che tieni stretto fra le mani
dove hai scritto che ami e amerai per sempre
un semplice ragazzo di città
che ha saputo liberare i tuoi sogni
nel mondo della realtà

Lui non c'è ma un giorno tornerà
e tu gli darai l'amore che hai promesso
e che sognavi nei freddi giorni d'inverno

Intanto soffri sola, chiusa nella tua cameretta,
stringendo i pugni per non urlare;
mentre guardi calare la sera
contando i giorni che passano lenti

Tutto questo vedo attraverso la sua finestra
con la voglia di attraversarla
per correre da lei, per abbracciarla
e consolarla perché sono tornato

Ma tutto questo non è possibile
perché chi guarda dalla finestra della mia villa
è solo il mio pensiero
che vola leggero senza meta
e che si posa sul suo davanzale

Tu lo avverti e guardi fuori
cercando di coglierlo come si coglie un bel fiore
Mi cerchi con lo sguardo senza trovarmi
pur sapendo che ti sto amando lassù
da quella piccola finestra
ormai stanca di aprirsi e chiudersi

Il mio pensiero, il mio spirito, la mia anima
non li vedrai mai
ma li sentirai per sempre in te

SOGNO-REALTA'

Di grano maturo, forse un po' scuro,
è la distesa che si affaccia al mio sguardo
Certo non è grandissima perché, lì,
ad un certo punto vi è uno spiazzo
seguito da due archi oscuri, proprio su quel piano
di uno splendido color pelle
Sotto quegli archi, incastonati, vi sono due
preziosissimi smeraldi
di un color azzurro splendente
che a guardarli bene
mi fanno sentire pieno d'amore
Ora sto seguendo quel pendio
che c'è lì in mezzo
e che par dirigersi in cielo,
ma poi diventa una scogliera che,
dolcemente, va a picco sul mare
Il mare non c'è, ma questo non mi turba,
anzi grande sorpresa mi prende
perché, dove non c'era nulla,
ora sta comparendo qualche cosa
lì dopo la riva
Si fanno sempre più distinti i contorni
ma una nebbia insistente mi impedisce di capire
Felicità provo e ti ringrazio Signore,
perché ciò che non vedevo ora lo sento dentro di
me
E' la cosa più bella di questo mondo
e il mio orgoglio è fiero di vedere
il tuo sorriso a me sempre più vicino
Le tue dolci piccole labbra mi svegliano
e mi riportano finalmente abbracciato a te
Era un sogno, è realtà

VASCELLO DI SCIENZA

Quando la lunga strada
ci porterà al bivio del dubbio
nessuno potrà più sentirsi
il manager dei nostri sogni

I contorti ingranaggi
che viaggiano nella mente
impazziranno e si sfasceranno
davanti all'incapacità di girare
ancora, oltre

Forse non riesci a trovare pesci nel fiume
e nemmeno sai che loro li hanno tolti, tutti
e che ridono di te che non li vedi;
mentre non hai il coraggio d'imprecare
perché offenderesti Dio.

Tu credi di sacrificarti per il bene
dell'umanità nel concetto di Stato
e non sai se il gioco perverso del potere
sia manovrato dalla gelida
e putrida mano del male
che spesso sposta le pedine della vita
secondo le sue regole

Tu sai bene che il Colosso di Rodi
non esiterebbe a bruciare
la nave ostile,
eppure ti accorgi che esso è morte

Come albero solido nella terra
che dirama le sue radici nell'ombra
per vestire il panorama di note gioiose
che dal cuore, pian piano,

riempiono anche i polmoni di salute,
così le radici maligne cancerine
divorano la vita lasciando dolore e rabbia

I tuoi occhi non distinguono più
se l'ombra che spolvera l'orizzonte
di un mare troppo calmo
sia la sospirata terra o una tempesta perigliosa

Dall'alto del tuo sedile parlamentare
sai dirci da dove veniamo,
verso dove ci state portando?
Forse solo una pillola di zucchero
potresti darci
per digerire il boccone amaro della vita

Vascello di scienza, dimmi:
c'è la tristezza dell'entropia umana
nel nostro futuro, o forse
la vita eterna, l'infinito?

COMPRENDI

Apri la tua mente alla luce della realtà
la violenza, il sopruso, il male
non sono più manifesti;
la bestia si nasconde
e non puoi vederla mentre mangi
i suoi velenosi frutti

Tu, uomo di Stato, apri le tue orecchie
fai filtrare alla tua mente
i bisogni del tuo popolo che soffre;
rinuncia alla violenza

E tu uomo che attraversi le strade del mondo
sappi che il male lo arrechiamo pure noi
quando chiudiamo i nostri occhi
pur di non sprecare tempo e denaro
in favore degli altri

Aiutiamo invece quel bimbo
che prima di morire fra le braccia
della madre dice:"Mamma, perché
non abbiamo pane?"

TORTA

Un raggio di luce
rompe l'oscurità della stanza
filtrato dalla porta mal chiusa
Ed io sono triste
La mia anima è una torta
di tante porzioni già separate
dall'avido coltello
grondante lacrime
Ma perché non vi servite?
Perché sono ancora un essere intero?

NON RUBARE

Ogni uomo è mio fratello, sacro
Grande il giorno in cui
queste parole usciranno
dalla bocca di tutti gli uomini
Ma l'ala sadica dell'utopia
ci copre lo splendere del sole
e ci fa capire
L'uomo desidera le cose degli altri;
egli ruba ad altri
e, se necessario, uccide
Tu forse comprendi se ti parlo
di don Adolfo
che sentiva l'autorità
di uccidere il nemico
e cancellare una razza,
di separare le madri dai figli,
gli amanti
nel nome di niente
Pazzi! Il ricordo non è forse vicino?
Pensate che tutto questo non esista più,
mentre invece qualcuno semina bombe nelle città,
sfrutta i deboli, impone.

IL CERBIATTO

Cerbiatto veloce
svelto
ma ora fermo e attento
annusa l'aria
scompare.
Prati ed alberi
nulla più

MUSICA OTTOCENTO

Musica ottocento
dalle orecchie al cuore
mi innalza l'anima
come l'enorme onda
che si arrota
sull'Oceano
Acqua tranquilla
in quel porto
dove vascelli approdano
vaporetti salpano
carichi di entusiasmo
lasciando a poppa
le navi dagli alti alberi
finalmente ferme all'ancora
E il giovane marinaio
sogna già la città
dove sfilano veloci
le carrozze trainate da cavalli
sulle pietrose strade nere
E quando la notte cala sulle basse case,
strane sagome si insinuano nei vicoli semibui
illuminati dalla luna
per riunirsi nel coro
di quelli che la patria libera
sognano
L'imperiale reggia estiva di Vienna
dalle bianche stanze tracciate d'oro
osserva vigile
le verdi geometrie
del giardino a lei prostrato
Lo sguardo lo attraversa
giungendo proprio lì dove,
controluce,
si staglia a simbolo

il bianco monumento ad archi
L'impero giace speculare
al caldo e povero spirito italiano
che vuole riscoprire Roma
Ma il silente villaggio
sulla collina boscosa
risuona solo dell'eco
delle umane occupazioni
interrotte dal lieto rintocco
delle campane che annunciano
mezzogiorno
E mentre
chi a cavallo
chi sul carro
chi a piedi
guadagna casa
calpestando le polverose strade,
il compact si ferma
e con lui il mio vagare

UN SOGNO

Ho preso un foglio del mio nuovo quaderno
per disegnarvi le parole che mi girano nella mente
e che mai nessuno ascolterà
Questa notte ho sognato tanti libri
così tanti che pensavo di venirne aggredito
Non so per quale motivo, ma ho visto il mio volto
o meglio il mio naso sanguinare molto
Non ricordo nemmeno il titolo di un grosso libro
con un paesaggio dipinto a colori nella prima pagina
Mio nonno seduto accanto a me
domandava:"Bello, non è vero?"; io ne ero certo
Può avere un senso ciò che la mente,
di notte, elabora senza che noi
possiamo fermarla?
La vita è un continuo e stressante
inseguire sogni, bolle di sapone colorate
Ma bello è a me sognare d'esser
dove non so e dove io devo tornare
Un mondo puro, senza corruzione
dove il fiume dell'amore scorre limpido e trasparente
per attraversare grandi prati bagnati dalla rugiada
e colorati da innumerevoli e cromatissimi fiori
che accompagnano lo sguardo fin laggiù
dove una casa dipinta di bianco
riflette dalle sue finestre la luce di un'alba
che fa rinascere un giorno di pace e felicità
Sembra che i miei passi facciano oltraggio
a quel paesaggio incontaminato
che mai ha visto uomo
ma io non sono solo e questo mondo mi ospita
col mio amore e fa festa per questo
Sembra di essere al di fuori di ogni tempo

ma i rassicuranti occhi splendenti
della fanciulla vestita di bianco che m'accompagna
mi ricordano ch'è tutto reale ciò che vivo
e tenendomi la mano, sorridendomi sincera,
vuole continuare con me il grande viaggio
Ma come all'improvviso
cielo azzurro scosso da temporale,
il mio cuore e la mia mente tornano
fra queste quattro mura di città
Suonerà la sveglia all'ora da me stabilita?
In questa società di uomini macchina
e uomini formichiere ci sarà forse un posto
per realizzare i miei sogni e le mie speranze
ma i valori umani
ne saranno probabilmente sacrificati
Sincerità, bontà, onestà, amore, amicizia,
aiutare i deboli e coloro che il mostro del progresso
ha sacrificato in nome del benessere
Un aereo decolla, un altro arriva e intanto
io sono solo in un deserto di uomini

RIVO TUMULTUOSO

Rivo tumultuoso
inondi le orecchie
di un cupo fragore
che tutto sommerge

GIORNI AMARI

Se sei ruvido fuori
come la carta vetrata
aspetti che qualcuno
si graffierà le dita
Magari la tua mente
viaggia fra nobili pensieri
senza che si accorga minimamente
dell'ostilità nascente nei giorni amari
Di certo tu ami la vita
perché è gioiosa se ben vissuta
Ma se ti impediscono di essere te stesso
non reagire e non fuggire
ma sogna il tuo prossimo passo
perché l'onda negativa
non ti faccia scomparire
sotto la sua sconvolgente forza
Poiché libero nasce il tuo spirito,
segui la strada che indicano le tue dita

SPERARE

Guardo la polverosa targa,
premio e consolazione a me
che ne contemplo il ricordo.

Ricordo, polvere, commozione...
poco per un manager fallito
troppo per un'anima possente.

Lento il dito ne pulisce
l'argentea superficie,
e ne libera il ricordo
per troppi giorni oscurato
dall'oblio della dimenticanza.

Freddi e composti arzigogolii
intagliano la piastrina
come sulla distesa desertica
impronte d'auto.
Linee di percorso, parole.

Conforto nell'incredulità,
speranza del domani
voglia di lei, voglia per lei.

E se targhe mai più potrò vedere
certo essa è lì
e mi obbliga a sperare!

SCHERZO

Popolo marrano,
non è l'Italiano.
Popolo d'eroi,
dove sono?
Ed i profeti?
Forse vanno in crociera
per parlare a Madeira.

E gli artisti?
Chi più li ha visti!
Ed i cantanti sono là
Come va? Come va?
Tutto ok? Tutto ok?
Bello lo sguardo di Romina.
Ed i gorgheggi di Albano?
Solo lui li supera: Luciano.
E gli altri, tu li hai visti?
Sì, lassù sono arrivati;
noi solo siamo rimasti!

ROSA DOMANI

Rosea scultura morbida, inebriante
aspetta paziente d'essere percossa
dal rovente raggio abbronzante.

Rosa, rosso, bruno sulla sabbia al mattino
mentre riposa, aspetta e non vuole nessuno.

Corpo che riposa, ma sembra che chiami
ma forse non vuole, aspetto domani!

PARLAMI DI TE

Stanco, svuotato e triste
cerco i tuoi occhi accesi
che soli sanno ricaricarmi.

Più m'attendo a faticare
più il mondo ci fa allontanare.
Non vuole il nostro sogno
fare realizzare.

Insisto, lotto e soffro
ma tu mi manchi, ed io
non dormo.

Nel vuoto delle giornate
guardo intorno e non ti vedo.
Vorrei vederti, ma non posso.
Vorrei toccarti, ma non ci sei.

Allora prendo la penna
e te lo dico: parlami di te
ed io ritroverò il sorriso.

PRIMO SETTEMBRE 1989[3]

Schiere di uomini vestiti d'acciaio
avanzano cadenzanti il passo
per essere fila dopo fila
inghiottiti
dall'orrendo abisso
della notte dei tempi;
tutte cavie impaurite
nelle mani dei loro capi,
adepti della fede nel nulla
ma avidi del colore del tutto.

---

[3] Poesia scritta in occasione di un intervento armato a livello internazionale. Una lunga era di guerre andava aprendosi.

IMMAGINE GIALLA

Allungarsi e muoversi
tossire e vedere
immaginare
cercare
e all'improvviso trovare,
trovare un velo trasparente
che ondeggia, volteggia
si fa consistente

Non vedo
il muro m'impedisce
una croce appare
io piango

All'improvviso
immagine gialla dal tempo
nitida, colpisce
li sento
li vedo
partecipo
ci sono anch'io!

CITTÀ

Alba, tramonto sbiadito
cancella la notte

Luce che mette a nudo
i segreti appena vissuti
da una città pigra

Travaglio,
incerto avanzare
Bisbiglii diventano suoni
che coprono il rumore dei passi
sull'umido selciato
Opera d'arte animata
finalmente distinguo

Avidi pensieri
code velenose
Passerà anche oggi
ma senza domani

BERLINO

Alto muro, ruvido, freddo
mortale approdo
per vascelli impazziti
alla ricerca dell'isola
dell'Unione e della Libertà

Crollo
esaltazione nazionale
sulle fondamenta
del palazzo comune

Unione, cooperazione
libertà e sacrifici
ma sacro diritto
all'essere se stessi
tutti

PAPIRO, LIBRO ...

Rotoli di papiri disuguali
nelle ceste del passato

Libri negli scaffali
brevi o lunghi
forse ispirati
fan bella mostra di sé
nelle biblioteche

Papiro, tempo, papiro
papiro, tempo, libro
libro...

ISTANTE

Guardo il giovane ciliegio
bello di rossi piccoli frutti
nel prato della mia mente

Sole, luce intorno a me;
cicale, compagnia sonora;
ma, fugace e visione
tutto scompare

Cartolina di vita
che non c'è
ma per un istante
è stata
senza essere vista

SOLI

Tu che leggi nei miei pensieri
guarda laggiù
il vuoto invaso
di quella diga abbandonata

Forse tu pensi
con certa nostalgia
"Forza, empilo colmo!"

Uso la pompa
e rimani deluso
perché non si riempie

Se vi porto un fiume grande
ecco, in breve ho fatto

Rifletti ora:
noi vuote dighe
bisognose di essere riempite
dalla rugiada dello spirito,
ma non vi è pompa
non vi è fiume.

MARIA

Una veste velata di diafano colore
tanto gonfia di tessuto che quasi non Ti distinguevo
mentre camminavi dentro quella chiesa

Prostrati fedeli inchinati al tuo passaggio
peccatori predestinati dal volere divino
confessiamo le nostre colpe a Te che ce lo chiedi

La mia mano tenta di toccare almeno la Miracolosa Veste
ma non merita e si scotta
Volto verginale, caritatevole: "Andate dove c'è chi soffre"

AMICO

Gelida voragine incolmabile
divide la sera
Tocco la tua spalla
ma il buio ci separa

La notte che scende fra noi
t'impedisce di capire ed aiutare

Vedi un bambino affogare
e volti le spalle spavaldo
Pensi solo a te, e forse è vero

così

Perché sono così
prigioniero di me stesso
disperato per non poter vedere
affamato di un alito tiepido di vento
che allontani da me questo giogo doloroso
e nutra il mio cuore spezzato
che sperare più non può.
Ma i capelli, forse, si muovono già.

IL VIAGGIO

Leggere un libro che parla di gente nell'evo medio
epoca sepolta io raccolgo fra le pagine del libro
ed ecco che la vita riprende dopo il lungo torpore
dei secoli e dell'indifferenza.
Miseria povertà sangue e oro.
Uomini che si scontrano, ferro d'arme
cavalieri draghi ed eroi
fra suoni di cetre e mandole mentre mi guida
il canto gentile d'un poeta provenzale.
Pulzelle represse gentili ed oneste.
Sacchetti colmi di monete. Frecce saettanti
nell'aria in una giornata di tiepido sole
mentre d'intorno la natura si sveglia.
Lo scorrere veloce dei secondi
le accompagnano mentre si avvicinano al bersaglio
mentre si avvicinano a noi.
Un vecchio uomo beve il suo ultimo bicchiere di vino
nella locanda dove ha trovato forse
i suoi pochi momenti fra le grida dei più giovani.
Come può l'oblio stendere l'impietoso velo nero
su momenti situazioni pensieri sentimenti
sofferenze ed ingiustizie?
Possiamo noi entrare nel tempo passato?
Potremo noi aiutarli?

TORTORA, COLOMBA

Tortora, colomba
guardi di lassù e sei;
io no. Vedi e non puoi.
Io posso ma non capisco.
Forse un giorno saprò.

PROPRIO ORA

Crepitare improvviso di tuono rompe la notte
mi sveglio e vedo la luce che abbaglia.
Resisto e capisco: sono più tranquillo.
Il tempo dei frutti maturi è ormai giunto
non resta che coglierli.
Tuttavia una rossa lacrima sgorga dal cuore:
la lacrima dello sgomento e dell'ignoranza.
E seppur saprò, non potrò più adesso, proprio ora.

FRANCESCO

Tu venir non puoi e tanto non spero.
E allora percorro lo spazio della mente
che passa per fertili campi arati
fra isolati casolari pulsanti di vita
pieni dell'odore del fumo
calore che protegge e salva
mentre il villano ritorna stanco
coperto solo delle sue antiche e sporche vesti
Frequenti carri scricchiolanti di legno
trainati da pazienti armenti;
pellegrini vestiti di casacche colorate
e borse e bastone;
poi leggiadri cavalieri
si fanno annunciare dal lontano suono
misto di zoccoli e ferri.
La polvere imbratta il mio abito
ma vedo il cavaliere giungere veloce al caseggiato.
L'aere risuona delle occupazioni degli uomini
mentre le guardie dei merli del castello
avvertono di alzare il levatoio.
Il cavaliere v'entra veloce.
Più in basso piccole uguali squadrate case
si raccolgono vicino al maniero quali
piccoli pulcini orfani intorno a Konrad.
Giungo ad una diroccata chiesetta;
v'è un esile cittadino vestito di sacco
che paziente e svelto attende
all'opra di ricostruire i muri.
Mi vede, posa il sasso e s'avvicina;
Non parla, non immagine né pensiero;
egli mi trasmette con lo sguardo calore
fuoco nel bosco d'estate che mi riempie
quale il riparo al nido
per il passero d'Italia nella tempesta.

Tende la sua esile mano e
apre le mie esitanti e le riempie
della collana di legno presa da uno scrigno
lavorato e nascosto in una sacca di pelle
appoggiata in un angolo.
La osservo: la croce è il suo ciondolo;
palline ad intervalli regolari
costruiscono il girocollo. Capisco.
Brillanti i suoi chiari occhi
e le palpebre s'aprono
ad un dolce sorriso soprannaturale.
Ma è già tardi e la leggiadra pavoncella
s'allontana nel cielo.
Così proseguo il mio cammino
fatico in salita calpestando la polvere
della strada del tempo.
Risuona l'urlo del gheppio, ma, d'improvviso
ecco la porta della città. Macchine parcheggiate.
Americani parlano ad alta voce, italiani vivono
in rispettoso silenzio. Cinesi giapponesi africani.
La certezza del presente il sogno del passato;
dentro di me una voce parla sapiente
e m'avverte del cambiamento. Ma se il presente
è normale, rimane l'emozione del passato.
E così vedo una bottega colma di colore
e d'oggetti: "Kodak", guide in ogni lingua
balestre, balestre, armature; la bottega
d'improvviso è colma di stoffe colorate.
Mercante in eleganti vesti medievali
m'accoglie fra robusti tavoli, scaffali
ed ampi armadi in legno.
Le monete sono sufficienti per un piccolo ritaglio.
Gentile e ricco di consigli e d'idee
per i miei vestiti un po' strani;
ringrazio mentre depone le lucenti monete ricevute
in un ampio sacchetto in pelle. Esco.

Assordante rumore mi esplode nelle orecchie.
Un jet militare mi sorvola.
Mi giro di colpo e vedo: armature, balestre
balestre, guide in ogni lingua, "Kodak".
La mano fruga nervosa nella tasca fino a riempirsi:
è il rosso fazzoletto che mi rassicura.
Se il corpo non può
se marchingegno non arriva
la mente viaggia con le ali dello spirito.

FINE

Aurelio Nicolazzo

La Rivolta

Poesie 1991-1996

Prefazione "La Rivolta"

Il periodo 1991-1996 è stato un periodo di solitudine e di fermento artistico e poetico. Dipingevo e dipingevo, ormai l'arte era entrata nelle mie vene, dopo l'inizio del periodo 1990-1991 (con qualche lavoro di prova precedente). I colori facevano parte della mia anima, scrivevo poesie, giravo cortometraggi, scrivevo sceneggiature, giravo lungometraggi in video vhs. In questa raccolta sperimento uno stile antico e medito sui ricordi di un passato felice che comincia ad allontanarsi senza pietà, dopo il saluto dei tempi passati. Una esposizione a Palazzo Braschi e i concorsi "I Girasoli" di sceneggiatura. Su questo terreno, emergono vette di poesia pura. La lotta per crescere nella società di allora era artistica e aveva il senso di una rivolta al nulla e all'oblio che la società dell'epoca sembrava volere per ogni singolo. Non che le cose siano cambiate in tutti questi anni, ma almeno questo urlo di rivolta suona come un invito alle giovani generazioni ad esprimere il loro profondo io e i loro tormenti con l'impegno artistico e culturale. Nel 1995 partecipai anche ad un concorso della Rai per i giovani sceneggiatori di cortometraggi: non vinsi ma ricevetti i complimenti dalla Presidenza, per l'alto valore artistico del lavoro presentato. Furono giorni anche di impegno politico questi e dell'impegno come studioso del fenomeno ufologico e della parapsicologia. Forse la mia rivolta ha avuto un risultato, seppur momentaneo: quello di esserci stato attivamente. Ma, di certo, l'impegno artistico e poetico, non ha avuto fine. Buona lettura.

L'autore

LA VORAGINE

Mi sento come uomo
che dopo breve passeggiata
si volta sorpreso e spaventato
a guardar la nera voragine
che ha appena ingoiato la terra
alle sue spalle; ignara.
La voragine dello spaziotempo
il cattivo dell'umanità.
Uomo in bilico sul passato
che oramai non tornerà.
Il cammino comincia.

IL MURO

Piccola complicata bambola
bella sfinge dei miei sogni
scrigno del reale gioire
mai uguale, sempre profonda.

Eppur il cor soffre e piange
perché il muro, questo muro,
non è crollato.

Se le nebbie del diverso spazio-tempo
ci offuscan le menti e c'indeboliscono
tuttavia il muro cadendo
la giovanil gioia mi darebbe.

Ma sarò degno? Sol tu puoi dir si
premendo il pulsante
che toglie la buia barriera
e che ti fa mia, amata complice.

PRIMA DELLA LEGA

La mia anima è divisa:
musulmani
ebrei
neri
extracomunitari
tutti in lotta fra loro.

La mia anima è grande
e tutti può contenere.

Ma la mia anima
italiana e cristiana
notte e giorno reclama:
giustizia
lavoro
unità
pace.

UN SOGNO

Ho preso un foglio dal mio nuovo quaderno
per disegnarvi le parole che mi girano nella mente
e che mai nessuno ascolterà.
Questa notte ho sognato tanti libri
così tanti che pensavo di venirne aggredito.
Non so per quale motivo, ma ho visto il mio volto,
o meglio, il mio naso sanguinare molto.
Non ricordo nemmeno il titolo di un grosso libro
con un paesaggio dipinto a colori nella prima
pagina.
Mio nonno, seduto accanto a me, domandare:
"bello, non è vero?"
Io ne ero certo.
Può avere un senso ciò che la mente
di notte elabora senza che noi possiamo fermarla?
Ma la vita è un continuo e stressante
inseguire sogni, bolle di sapone colorate.
Ma bello è a me sognare di essere
dove non sono e dove io devo tornare.
Un mondo puro, senza corruzione
dove il fiume dell'amore scorre limpido e
trasparente
per attraversare grandi prati bagnati dalla rugiada
e colorati da innumerevoli e coloratissimi fiori
che accompagnano lo sguardo fin laggiù
dove una casa dipinta di bianco riflette dalle sue
finestre
la luce di un'alba che fa rinascere un nuovo giorno
di pace e felicità.
Sembra che i miei passi facciano oltraggio
a quel paesaggio incontaminato che mai ha visto
uomo.
Ma io non sono solo e questo mondo mi ospita
col mio amore e fa festa per questo.

Sembra di essere al di fuori di ogni tempo
ma i rassicuranti occhi splendenti
della fanciulla vestita di bianco che mi
accompagna,
mi ricordano che è tutto reale ciò che vivo
e tenendomi la mano, con un sincero sorriso,
vuole continuare con me il grande viaggio.
Ma come all'improvviso
cielo azzurro scosso da temporale,
il mio cuore e la mia mente
tornano tra queste quattro mura di città.
Suonerà la sveglia all'ora da me stabilita?
In questa società di uomini-macchine e
uomini-consumatori
ci sarà forse un posto per realizzare i miei sogni e
le mie speranze
ma i valori umani ne saranno probabilmente
sacrificati.
Sincerità, lealtà, onestà, amore, amicizia,
aiutare i deboli e coloro che il mostro del progresso
ha sacrificato in nome del benessere.
Un aereo decolla, un altro arriva
e intanto io sono solo in un deserto di uomini.

UTOPIA

Separare lo spirito dal corpo
per poi accettare la limitatezza di questo
in funzione della vita eterna
avvicinando il corpo stesso ad essa.
Purtroppo il corpo è schiavo delle circostanze
e soggetto ai più potenti che ci circondano.
Dobbiamo tendere alla libertà
accettando un giusto controllo di giusti
in una società giusta.

A MIA MADRE

Riconciliarsi con il creato
dopo averlo trascurato.

Giorni e giorni
senza badare
al volto tuo che sorride
al termine di un giro solare.

Routine di impegni gravosi
non riesco a vedere i tuoi sorrisi
mentre anche tu diventi inutile oltraggio.

Ma se questo è il progresso
che uccide in noi l'amore
per l'onore e il successo,
quanto sarebbe meglio dimagrir
nell'impegno di una vita più sana...
al contatto della materna natura.

L'inghippo presto sarebbe svelato
e da tutti verrei allontanato
perché non mi son equiparato.
"E' inferiore, è indegno!"
son migliore e ci guadagno.

E quando domani non ci sarai più
guarderò in giardino l'ortensia appena fiorita
che mi tradurrà un tuo sorriso
e mi dirà che ci sei
come sulla stella la cometa.

LAUREATO

Spesso mi domando perché io non più ho studiato.
Qual è l'arcano motivo per cui non mi son
laureato?
Non ho mai tergiversato, mi son sempre impegnato
però mai più ho studiato e gli esami ho
dimenticato.
Una cosa so per certa: nel corpo ero minato
nello spirito abbattuto, nella persona umiliato.
Capirai bene ora che dove non son riuscito
lì ero io ma svuotato, abbattuto
e quindi umanamente impossibilitato.
Ma non è poi tutto finito. Così ho pensato
ed oggi spero di non finir in ultimo abbandonato.

IERI L'ALTRO

Ho preso l'auto ieri l'altro
quando il pomeriggio sono uscito
che aveva appena spiovuto.
Foglie morte sul parabrezza
il vento toglie con una carezza
mentre ingrano la seconda.
Piccola vecchia Renault 5
che unica silenziosamente
tutta la mia vita hai visto trascorrere
in incontenibili speranze e rapidi giri.
La colazione al bar, un'altra telefonata
forse stavolta ci siamo...
ma il lavoro non arriva.
C'è la recessione,
è un problema di contingenza
ma tuo figlio nascer non può.
E mi domando nello sconcerto
se i miliardi dello Stato
che andranno a fare il treno più bello
saranno soldi spesi "per l'occupazione"
oppure l'ennesimo furto a me cittadino
giovane pettirosso da abbattere fuor di stagione
tanto d'accordo v'è anche il guardiacaccia.

UNA PASSEGGIATA PER ROMA

Travolgente multicolore tramonto romano,
accesi ne sono i colori come i cuori della sua gente.
Prevale il rosso che spacca l'azzurro cielo
ma anche il giallo, ecco, sembra attizzar l'incendio.
Roma, mia vecchia e buona Roma
nel cui fertile antico ventre mi accogli talvolta
ed è sempre una festa.
La galleria dell'arte, i quadri, idee colorate.
Il venditore di macchine fotografiche,
splendidi nudi alle pareti.
La bottega dell'artigiano che lavora, ormai, da solo.
Faccio un salto dall'antiquario,
sono già a via Condotti
poi attraverso il Tevere che scorre pigro
e giungo ai piedi dell'antico rotondo Castello.
Non pago, ho la tessera, giungo in cima e...
che spettacolo!
Davanti a me la Grande Cattedrale
casa del capo della Cristianità
sede per le nostre preghiere.
Al di là del Tevere il cuore
della grande Roma
quella di Cesare, quella di Pasquino
quella del semplice inquilino.
E lì mi rituffo in un lungo cammino
fra vetrine illuminate e turisti americani
finché la stanchezza mi agguanta.
Sento il gelo salire dal profondo sottosuolo
il gelo del tempo e della morte
che unica trionfa sempre nella Roma pagana.
Torno a casa, in periferia
quella Nord, al Nuovo Salario.

LA VOCE

C'erano una volta tre bimbi:
Andrea, Ruggero e Bertino.
Chiamarono la loro amica Cinzia
e si cimentarono in un agone.
Cinzia si mise a cento metri da loro;
avrebbe dato in premio un bacio
a chi avesse fatto sentire meglio
la propria voce a tal distanza.
Ognun dei tre poteva aiutarsi
con un oggetto per amplificare
la propria voce.
Andrea, di povera famiglia,
abituato ad arrabattarsi,
costruì un megafono di latta.
Ruggero, di buona famiglia,
comprò l'altoparlante
e Bertino, ricco e furbo,
rubò microfono, amplificatore e cassa
all'ignaro rivenditore.
Chi voi dite abbia vinto?
Andrea soffiò con tutto il cuore
nella latta, da vincitore
e Cinzia scrisse "sette" sul suo quaderno.
Ruggero accese il suo strumento
e vi urlò forte dentro.
Cinzia scrisse "otto" sul suo quaderno.
Infine Bertino con un sol filo di voce
ruggì: "son io il vincitore!".
Cinzia scrisse "dieci" sul suo quaderno.
Fu così che Bertino
da Cinzia prese un bel bacino,
mentre Andrea e Ruggero
eran tristi come un cero.
La morale è solo una:

di Cinzia, Ruggero e Andrea
dell'inghippo nessun sapea.
Eppur il baldo Bertino
tre vittime fece in un colpo solo
a spese del negoziante.
E dunque ora puoi tu giudicare
chi più si è sforzato,
chi più lontano è andato
e chi il bacio avrebbe meglio meritato...

Nota:
Solo determinando precise regole di partecipazione e comportamento se ne esce. Infatti, se si obbliga tutti i bambini a non usare marchingegni elettronici o a usare tutti lo stesso, alla stessa maniera e per lo stesso tempo, e se, infine, si richiede di giustificare la provenienza giuridicamente e moralmente lecita, si metterà la medesima giuria nella condizione di giudicare con più obiettività e di conferire lo stesso premio al vero vincitore, quello cioè che ha urlato più forte la sua voce alla distanza di cento metri.

COMA PARTITICO

Capelli d'oro
occhi di diamante
pelle di seta rosa:
cosa sarà ciò, non so...
ma quegli occhi blu
di quella testa di marmo
m'impressionano; sembran veri.
Autostrade di cristallo
solcate da navi di marzapane
mentre piovono canditi.
Beh! Meglio il pandoro.
Tartarughe di corallo
s'inseguono veloci:
è un'opinione.
Sciare su monti di cacao
sbiancati dallo zuccherina polvere.
E se volare fosse la norma?
Ci vorrebbe la macchina
per camminare.
Mi rotolo nel letto;
svegliatemi da questo coma
che ormai la sveglia
più non sento.

E SCOPRO ME STESSO...

Oh dolce perdersi tra le braccia
d'una nuda vestale.
Confondere il ricordo di altri abbracci
col suo calore vitale
che riaccende la speranza.
Forse è più bello adesso
ma allora c'era di più:
c'era l'amore cieco
che tutto prende
per nulla perdere.
Oggi la ragione vince
smarrendosi però
al primo colpo a segno.
E scopro me stesso...

"BLACK HOLE"

In uno spazio che non è lo spazio.
In un tempo che non è nel tempo
la mia mano protesa s'apre
a dare invisibili certezze
ma non riceve.
Orgogliosa mano, dai fiera
aspettandoti inconsciamente
e con fanciulla innocenza
di ricevere un fresco fiore.
Oh come può essere legato,
il cuore, alla propria mano
più che la mente!
Ma si torna amaramente se stessi
ora che il nulla ingoia
ogni speranza e visi, volti, voci
scompaiono nel "Black Hole"
dell'aridità umana.

MA È ANCORA CAPODANNO

Ma che notte è questa notte.
Non mi prende la frenesia,
le cavallette non m'infestano l'anima.
Eppur son tutti lì a ballare,
c'è anche chi fa l'amore
con le mie ex mai capite.
Un cielo notturno di luna piena
violato dai mille e mille fuochi artificiali
ch'esplodon come bombe
e la mente pensa a Sarajevo.
Sol'ieri i carri armati
han fatto strage di nemici
e questi già intonano canti di guerra
da curva di stadio,
sbattendoci in faccia il muro,
"o sei con noi o con noi hai chiuso!",
"ti perseguiteremo sempre, come sempre!",
"boia chi molla! E viva il partito!".
Scuoto una spalla, mi fermo
mi stropiccio gli stanchi occhi;
son da solo, che posso fare?
Cercar di vivere e non mollare.
Perché nacqui a Udine
e l'infanzia mia è di Verona,
o perché schiavo giammai lo fui?
Con voi è il serpente antico oggi in doppiopetto
ma la vostra anima dov'è?
I padri miei d'antica casata meridionale
della romana Numistro
mi fecero nascere in terra libera del Nord.
Mater puella Taurinense
e fu sangue di tricolor vestito.
Perciò, solo il Federalismo
tra capo e collo vi meritate.

Chi più italiano di me?
Eppure il tricolore ho davanti al viso.
Pare un incubo ma è realtà.
Quali cani arrabbiati che si contendono la preda
così i miei giorni si susseguono inquieti.
Voi siete la "mamma" in maschera
ma è ancora Capodanno.

PACE

Da qualche mese il mio cuore
batte inquieto per una sola dama.
A te il nome suo non dirò,
ma di sicuro sai già chi è.
Chissà quante volte anche tu
avrai scorto il suo volto
fra le pagine del tuo quotidiano.
Così, quasi con puntiglio,
le sue foto ho ritagliato
per conservarle nella memoria
delle mille cose perdute
nella mia monotona quotidianità.
Una metopa di pensieri colorati scolpita
è la mia mente nelle mille ore
in cui la penso.
Una volta le ho parlato,
ma era tardi per conoscerla:
la clessidra di Cicerone
aveva esaurito la polvere.
E se una volta le scrissi
non ne ricevetti segno alcuno.
Così il mio umile e sincero sentimento
dei suoi decorosi e autorevoli silenzi
seppe fare vitale nutrimento.
Ed ora che nasce un nuovo dì
alla mia mente appare una speranza fugace
mentre il suo nome è sempre Pace.

LA MIA INFANZIA

La mia infanzia
quattro città, quattro cani
un bambino sempre malato.
Può navigante medievale
varcar le colonne dell'Ercole
e dopo giorni di tormentato viaggio
capire cosa accade, dove va?
Cos'io non sapevo ma subivo.
Giovani natali ebbi nella novella Aquileia
ma nulla ricordo d'allora
se non una dolorosa beccata
d'un seccato gallo
che volevo impunemente accarezzare.
Grandi lacrime, ma i galli non eran cagnolini.
Ed era già la scaligera città
che, quale monastero a sbandato pellegrino
m'accolse nel secondo scalino
della ripida scala della mia vita.
Ecco il giovine genitore
magro, sicuro, sulla porta
voltar il bascato capo
verso me che lo attendevo già.
Era il 16 di marzo come oggi
"Ciao Aury, ecco il tuo regalo".
L'amico Brunetto
quante corse, quanti giochi insieme
ma fu lui a partir primo
inghiottito dal nulla
primo della lista.
Giocar con Rosellina a quell'età
a tutto, a mamma e papà.
"Quell'elmetto sarà tuo..."
Nascondersi dietro una porta
e sotto il lettino

per rimanere con lei, insieme,
ancora un pochino.
Inventar bancarelle sulla secura strada
ove vender i giocattolini che piacevan ai più grandi.
E ancora girar solo pel cortile
con la chitarrina a cantar a squarciagola
il successo: "Lisa dagli occhi blu";
inseguir le amiche tardone
con la testa residuo d'un gallo.
Poi giunse il ricordo
delle pavesine nebbie,
del cielo plumbeo,
del "va be', ma cos'è?"
Ed ecco, finalmente, l'Urbe m'accolse
imbiancata da un'insolita nordica neve;
fu un evento.
Persino Frajese n'era contento.
Presto, però, mi colse la nostalgia:
m'accorsi della novella frattura
e dal malato cuore uscì sangue
traboccante da una ferita
che nessun poteva sanare.
Venne il tempo delle botte
dai scaltriti bimbi borgatari
che così volean guadagnarsi
la tanto sognata bici.
Ma non cedetti.
I poveri del Prenestino.
Il campo di calcio
complice amico
dove tirai i primi calci ad un pallone.
Che tempi quei tempi.
La via era solcata
da urlanti numerose 'bulanze.
Le sparatorie, le macchine rubate
"Non toccarla, devono ancora prendere le

impronte"
I compagnetti di scuola al Giovanni XXIII:
il più povero, il più bravo,
novello Giotto della matita.
Un grande amico, come gli altri.
La fidanzatina, il prete e i suoi regali.
Che bella era allora la mia città
forse perché nel cuore dei più poveri
ardeva il sacrificio, la sofferenza
che lì rendeva sì belli e dignitosi.
Allora, ancora c'era il vero core de Roma.
Ma tutto era più brutto
e così papà e mammà
scelsero l'attuale dimora
certo più bella, ma che con nuova gente.
Qui è la dorata borghesia
ma per uno come me
la vera ricchezza
è rimasta lì in quei luoghi ameni
della mia persa, triste gioventù.

MA NON SEMPRE ACCADE

Che fare, cosa pensare
come comportarsi, come uscire.
Meglio sarebbe a me
il camminar sui carboni ardenti
per due chilometri.
Svegliarsi, alzarsi, la toiletta;
ora va un po' meglio.
Cammino per strade
impermeabili ai miei passi
perché io lo sono a me stesso.
Una fugace colazione
e via a piè, perché fa bene.
Ah, quanto bello sarebbe
il vivere nei campi o sui monti.
Ricordo il Bianco
nelle lunghe passeggiate col babbo
quando mamma quasi
gli elicotteri mobilitava.
Gli altopiani del cielo.
Le nevi del Signore.
Ora al lavoro sul vecchio computer
senza i soldi per acquistar
nemmeno un dischetto vuoto.
La mamma non guarda
il babbo è fuori, così la sorella.
Ma chi le vorrà le mie poesie?
L'ora del pranzo, frugale del resto.
Il caffè e poi scrivo il mio testo.
Sto bene, ma per quanto?
Basta, ora esco, non ci riesco.
Una partita a carte con gli amici
e poi il rientro. Ma viene la sera.
Finisco la nuova poesia
nel silenzio mio vero amico.

Poi il TG. Ecco, rientrano tutti.
Mi innervosisco, il mio l'ho fatto
ma nessuno sembra vederlo.
Rimproveri, battutine, sarcasmi.
Come esploratore che per nave
compie il periplo
e scopre una nuova terra ricca e gaia
che riferisce ai suoi preziosi regnanti
ma non è creduto n'è appoggiato
cos'io nel mio reale quotidiano.
Non telefona nessuno
nemmeno per gli auguri
se non qualche scaltro fedelissimo.
Ed allora il fuoco mi prende e non mi lascia,
mi consuma lentamente
come fiamma lo stoppino.
Una bianca candela
tagliata a metà
perché finisca prima.
Il perenne castigo dell'orgoglio:
come avere moglie
come affrontar un lavoro?
Rumori violenti
un disco ad alto volume
almeno per non sentire
e comporre così
qual galeotto ch'evade
e nella sua veloce fuga
è tempestato di colpi di fucile
e mitraglia
ma tutto evita
e forse è salvo
benché a morte ferito.
Come la morte di Achille
dignitoso e fiero anche lì,
m'appare così

il Somalo morente
mostrato in tv, lui sì
forse non vale un marine?
Supero l'ultimo sforzo
se Dio m'assiste
e mi corico sereno.
Domani starò bene
ma non sempre accade
purtroppo.

MANCO NEL LAVORO

Qual ricercatore di rare farfalle
che le trova e gli sfuggono dalla rete
così da anni manco nel lavoro.
Cercatore di tracce
che infila autostrade
senza uscita.
Egittologo che scopre la mummia
dell'antica regina
e sorpreso
al suo sguardo
come viva gli appare
nell'aperto sarcofago;
ma l'aria
subito
la decompone
e nulla rimane.
E la sabbia dell'ennesima clessidra
si è già consumata
e poc'altro si può fare.
Dall'orizzonte sorge già
il nero sole della mia depressione.
Dalle nuvole mi cade addosso
la sporca pioggia dello sconforto.
Ma la mente non cede e tutto vede
mentre lo spirito si rialza
come giovin muratore
che ricostruisce il pericolante edificio.
Uomo malvagio e perverso
colmo di denari
tante ne punisci
d'incaute creature
eppur non so
condividere la tua maldicenza:
per me son tanto belle

e sempre pure.
Così prigioniero
d'infernali creature
in questo anti-giardino
ricerco Excalibur.
Lo so, mi sveglierò, un mattino.

GRAZIOSA CREATURA

O graziosa creatura che parli alla mia anima
con la stessa semplicità e sincerità
che sento nel tuo appassionato bacio.
Per me, ora, non è più difficile spiegarmi;
tu già comprendi e sai
malgrado i molti gioielli di falso oro
che uomini sempre in maschera ti han donato
e che ti fan giustamente guardinga.
È come dissetarsi ad una fonte ritrovata,
rinfrescarsi dalle calure d'un sole troppo
opprimente.
Contemplo, oggi, i tuoi allori
e sembran quasi più dei miei.
Ma il tuo sguardo non più fisso è all'infinito:
hai scrutato e ti volti verso me, sconsolato e afflitto
e lo sai, lo comprendi, nei miei occhi, con i tuoi.
E allora, quale fortunato vincitore alla lotteria
elargisce in beneficenza e con soddisfazione,
così la tua anima dona consapevole
e ti sento vicina seppur lontana.
Sempre bella è a me una rosa quando sboccia
e, allo stesso modo, tu quando apri il cuore a me,
sincero amante,
resuscitato a nuova vita dai raggi dell'amore.
E lo sai quanto bene mi fai.
Come albero diviene carta e poi sapienza
così mi trasfiguro quando dono a te verità.
Perciò libertà, amore, verità.

LA SEMPLICITA' DEI GIORNI ANTICHI

La semplicità dei giorni antichi.
La casa in collina dei nonni lontani
ove giocar tra i bossi squadrati
immerso nella natura antenata.
Sequestrare un piccolo vispo girino
seguirlo divenir simpatica raganella
che salta sui secchi aghi di pino.
Lucertole come coccodrilli.
Quali saette sfrecciano nere bisce.
Il golfo laggiù, esplicito oratore
previene l'etneo fumatore
dopo Vulcano.
E la notte è brillante senza la luna,
illuminata da mille fanali
lucenti di luce propria...
... e il papà: "Cassiopea,
la Via Lattea, Antares".
I racconti sugli antichi briganti
del nonno magistro.
Gli scritti del Viceré,
lo spadone superstite di Russia,
i grandi ritratti antichi.
No, qui è diverso. Era più intenso.

OVINDOLI

Sulla montagna
sono stato il migliore
volavo sulla neve
coi miei vecchi sci
planando fra le nuvole.

E poi una tazza di cioccolata calda
parlar con gli amici del bar
volti nuovi per un futuro
che han saputo capire
seduti ai tavolini. E i bambini.

Cercar ancor di chi non c'è
ma sa di me.
Immagini nuove e più dirette
di un pittoresco antico casale
incise sul nastro usato della memoria
con la telecamera di famiglia.

Il gusto di uscire solo per l'Italia
a cercar di me, questo sconosciuto
trovando i miei sogni in un volto di donna
partita troppo presto per il suo continente.
Capire di dover restare qui
o di tornarci per esporre i miei nuovi dipinti
o per ritrovar questo me stesso libero.
Ma non ne trovai più il coraggio:
caddi nel buio baratro dell'angoscia
che mi travolse e mi ritardò il volo.

Ma non fu tutto inutile. Il futuro lo sa:
tornerò, si tornerò un giorno
a sciare a Ovindoli.

(Iniziata nel 1995 e terminata nel gennaio 2005)

VERONA '69

Ricordo il '69 a Verona
bimbo per le strade del Nord
quando una madre con l'accento gianduia
mi trascinava per mano.
Le auto dai grandi volanti bianchi:
urlavo, piangevo, supplicavo per un giocattolo
ma chiedevo di non partire, di maturare.
Un'automobilina, e la trottola? Quando i chiodini?
Che bello il '69 per le strade di Verona.
Girare in macchina col papà e la mamma;
e la sorella neonata, che peste già allora.
Il Corso principale, la Porta vecchia:
ne riscopro l'antico significato
nelle gambe di quella ragazza in minigonna.
E solo qualche mese prima, lì, i carri e la banda
per festeggiare un carnevale triste, ma
indimenticabile,
triste di futuri addii,
indimenticabile per le sue note: "Quando la banda
passò ..."
Ripenso oggi adulto a me bambino
al 'Raggio di Sole[4]' quante cose vidi.
La pista ciclabile, i cavalli,
un gigantesco gelato bigusto a tortiglione.
E gli amichetti. La scatenata banda
che aspettava il fornaio per rapire un panino
e mangiarlo tra i cespugli
incoraggiati dal capobanda.
Improvvisammo mini-bancarelle
per vendere i nostri giocattoli
ai grandi felici di acquistarli.
La reazione di papà.

---

[4] I giardini "Raggio di Sole" sono i giardini pubblici collinari davanti alla casa in Via del Minatore.

E quanti altri ricordi felici
che il tempo spezzò per dar spazio
ad un tour gitano di mostrine e caserme
seguendo il padre guerriero
sicurezza e baluardo, allora,
della famiglia ed anche dello Stato.
Ma quali cicatrici in me?
Perché son fatte di vita spezzata
di nuovi inizi, di tristi addii,
nell'indifferenza altrui
nel disprezzo dello Stato.
Chissà, forse la mia mente s'è persa
In mille contrade, fra i veri amici.
finché non giunse la notte.
Quale parte di me recuperare?
Se ripenso a Verona com'era bella nel '69
Quando giocavo a mamma e papà con Rosellina.
Ricordi? Ci buttavamo sotto il letto una e dietro la porta l'altro
perché non ci trovassero, per stare un minuto di più insieme
così bruscamente allontanati, senza più un futuro per noi
quando mi dicesti che ci saremmo sposati dopo che avrei indossato
l'elmetto del tuo papà, anche lui guerriero.
Ripenso ad allora, quando i miei si amavano.
Quel giorno che venne la zia Maria
corsi a salutarla lasciando gli amici del cortile.
Non vedevo nonni, non vedevo zii.
Il freddo. Le grandi strutture architettoniche
spuntare fra colli e viali alberati.
Leggere a letto ammalato le avventure di Paperinik
aspettando di ritrovare Rosario
per combinarne altre insieme.
Le corse sfrenate nei prati della Padania

per rotolarsi tutti insieme nei pendii.
Ricordo anche Antonio, ma piangevo Brunetto
che primo partì per il nostro stesso destino.
Per fortuna che l'anziana signora dell'ultimo piano
Provvedeva a rifornirci delle sue morbide caramelle
Disney Elah.
Che buone le fragole con la panna della mamma di
Rosario

Ma la sorella cominciò a crescere
e così partimmo, traslocammo, forse
per la gioia di papà e mamma.
Così era Verona nel '69
e di una cosa sono certo:
era si destra, era di sinistra
era di centro.

(1995)

INSIEME

Esplodo d'amore per te
mentre lo urli al mondo.
Noi non siamo nulla.
Non siamo la candela
che si estingue lenta
il salto in alto sbagliato.
Siamo la vita che rinasce a primavera
il vento che rinfresca nella calura
il porto definitivo per l'amore.
E tra poco, forse, amore, lo scopriremo insieme.

(15.5.1996)

SPAZI VERDI

Ah, sconfinate superne dimensioni alpine
cime altissime innevate
quand'anche tu sei più in alto
dentro l'anima, tra pini e rocce.
Una grossa farfalla, una stella alpina,
un azzurro uovo d'uccello scivolato dal nido.
Gustare il panino bevendoci su il rosso
perché alla fatica e all'estasi s'unisca l'euforia.
E la fonte d'acqua pura ghiacciata
scaturisce prepotente dalla roccia
per dissetare me e per giungere,
utile fremente fiume, a valle.
E nel vento che d'improvviso s'alza
il vorticar d'aghi di pino
dal colle il golfo al mar.
Quale salva di squadroni all'attacco
secchi tonfi sulla terra così macchiata,
pioggia scroscia ed esplode il temporale.
E poco dietro il bosco gode silente
e diman di funghi saran pieni i canestri.
Quel tavolo di antico castagno, annerito dal tempo,
le mani della nonna lo coprono di gaia tovaglia,
ed è già festa nel suo raro sorriso.
E sopra canestri intrecciati
colmi di ogni frutto:
i limoni giganti di Sicilia
le pesche e le albicocche nostrane
l'uva americana
piccola, nera e dolce
come il bacio di questa terra
quando riposi in armonia con essa.
Ed il vento mi porta
in questa triste città
ove urla, schianti e malanni

m'aggrediscono ogn'ora.
Passeggio mesto a capo chino
disperso nel ricordo
di ciò che non fu mai;
pernicioso sentir
senza il caldo sorriso di chi sa,
perché non esiste, forse.
Due alberi, spogli, contorti e smunti
son da sfondo lugubre e mesto
alla fioritura di verdi bidoni e contenitori
d'immondizia.
Ghiaia sotto i piedi, lacrime agli occhi stanchi.
E, per essere là, ove non spero,
rinuncio anche all'auto
e solo, a piè m'en vo
or qua, or là
un caffè di certo,
da qualche parte,
m'aspetta.

(18.5.1996)

FINCHÉ LA SPERANZA CERTEZZA SARÀ

Trillò quel dì la sveglia all'alba.
Non so dirti, ma mi alzai, d'incanto,
guarito.
Vestii la tuta e mi gettai nell'arena.
Furono cinque minuti e già ero stanco,
ma non mollai e continuai spavaldo.
Ed ecco come d'incanto passai dai cinque
ai quindici, ai venti, ai trenta e più.
Dal caldo e dall'afa di agosto continuai la conta
verso climi più clementi.
Correvo nei primi venti autunnali
mentre le foglie secche cadevan giù
proprio sul mio corpo ansante
per andar a morir sotto il mio passo.
Nemmeno le prime piogge mi sorpresero.
Quale frate corre nell'orto a salvar le bestie
dalle intemperie, incappucciato,
così io di tessuto impermeabile,
come la mia volontà all'ozio.
La mamma coi capelli più bianchi
e le notizie sempre più drammatiche.
Giovani strilloni mi rincorrevano
per la mia copia del giornale
quotidiana razione di umiliazioni
e d'ingiuste opinioni e decisioni.
Da soli sotto la neve
rischiando d'affondarvi
ma incolume su quel pendio.
Gioendo e ringraziando l'ambito sole
perché, abile alchimia,
tramutava la neve in acqua.
Pioggia, vento e sole
fino a sgranar nella mente rosari di speranza
alla Mamma che protegge i nostri passi, lassù.

Ed ancora corro, oggi ora e domani
finché vita ci sarà
finché la speranza certezza sarà.
Ed un piccolo bambino di blu vestito
già verso di me corre e non si ferma,
bensì prosegue la sua lenta, decisa e fremente
corsa
verso la comune meta
al di là del parco, al di là del domani.

(18.5.1996)

E' SOLO CODARDO OLTRAGGIO

Secchi colpi di tamburo
fuori tempo e ritmo
angosciano la mente esausta.
Ed il cuore risponde
quale orchestra fuori tempo,
e colpisce il mio sentimento
con fastidiosa e sgradita aritmia.

Devo reagire, devo colpire.
Eccomi che esco
affronto il dunque
ovunque e come solo io so.

E fugge[5] codardo, senza dignità
né difesa; è solo codardo oltraggio
ed io sono il suo vincitore.

(18.5.1996)

---

[5] Si sta parlando delle aritmie del mio cuore che spesso mi spaventano e mi rendono incapace di agire.

IL CANTO NUOVO

Sempre più arduo è a me
il trovar la fonte del vero amore.
Dissacranti rumori non aiutano
l'animo nel suo sincero anelito al cercare.
Né fuori, solo, in continuo moto
o fermo sulla panchina del parco
trovo il Re, quando tutto, poco oltre,
dice: ribellati al tuo re.
Bisogna andar lontano, andar via
trovar conforto nelle pietre d'arte
e nel silenzio sacro e benedetto
delle cattedrali, nostre vere radici spirituali.
Ed allora lì, finalmente raccolto
salirò la erta scala dell'arco nobile
che conduce dritta alla corte sacra.
E, rinfrancato nell'anima,
libero sarò d'amarne anche la città,
la sua storia, le sue gloriose vestigia.
Affinché in questo cammino terreno
corpo ed anima cantino insieme
un canto nuovo, il canto della verità,
il canto della libertà e dell'amore.

(18.5.1996)

DOMENICA APERTO

Son qui al bar, solo
faccia a faccia col tavolino
nella fredda dependance
di marmo bianco.
Un vaso di fiori, una vetrata di portone,
il barista conta gli spiccioli
di una porca domenica.
"Domenica aperto"
recita un cartello
ed io son qui,
dopo una notte di tumulti
dopo che mi han succhiato il sangue
nel castello dorato dell'amore.
Malgrado tutto
sopra noi
io vedo il tuo volto
e mi sorridi.
Così quasi d'incanto,
dentro di noi
tu spezzi le catene.

(19.5.1996)

ALLE SEDICI

Alle sedici cominciano gli Europei
gioca l'Inghilterra
ed io son qui
ad uccidere il finto gioco
scrivendo di ieri
pensando a domani
circondato dai demoni dannati
in una riserva indiana
che non ha neanche l'acqua.

(8.6.1996)

SULLA VETTA AMBITA (ALLUCINAZIONE)

Nel bosco buio e nella notte
Trovammo le tracce:
io le tue
tu le mie.
Era già l'alba
e raggiungemmo la cima,
sulle vette della montagna
dove l'aria è pura
dove l'acqua sgorga ghiacciata.
Oh, quanto eri bella.
Apristi le braccia
e mi accogliesti così:
VIENI AMORE, VIENI ORA DA ME.
Il tuo sorriso, i tuoi occhi
in me la certezza
di non essere più solo
di averti per sempre, comunque.
Mi mossi per raggiungerti
e non fu possibile.
Un nero demone volava nell'aria
spandendo buio e fumo
d'intorno a sé.
Si pose fra noi
e fu di nuovo la notte.
Scendesti veloce, ripercorrendo i tuoi passi
ma rimanesti a guardare e ad aspettare.
Sguainai la spada bianca e scintillante
l'Excalibur della sofferenza
ed il libricino dolce amaro
della conoscenza del bene e del male.
Il demone mi ferì, lo confesso.
Furono scintille, schianti ed urla
cori celestiali contro bestemmie e menzogne.
Si affacciarono le gerarchie celesti

ad osservare e a considerare,
mentre la corte maligna non osava ardire.
Un colpo della spada e il nuovo nemico
fu disarmato.
Non ebbi pietà: spinsi fino ad attraversarlo tutto.
lo sollevai trafitto e in agonia
e lo scaraventai giù dal luogo santo.
E d'intorno furono applausi.
Piantai la spada, la croce e la coccarda
sul monte divenuto mio territorio e podere.
E ti chiamai con voce grande: "Amore, son qui".
Tremante di paura, vibrante d'amore
risalisti la china
corresti verso me
e fu amore, luce di gioia.
"Si faccia" dissero le gerarchie
e la nostra casa, la villa dell'amore
sorse nel luogo nuovo.
E fu vita e fu vittoria.
Tutto ciò accadde ieri,
ma sarà forse domani
ed io son qui, amore mio,
che spero ancora, oggi.

(18.6.1996)

IL TUO SORRISO E TU

Fresca brezza m'accarezza
all'ombra del ciliegio
d'estate, dopo la pioggia violenta.
Ricordo di ieri ed è come oggi.
Il tuo sorriso e tu, all'improvviso;
rimasi paralizzato
capii che era vero
compresi che non potevo, allora.
Aspettarti ancora
vederti, forse.
Sfiorarsi, accarezzarsi, sentirsi.
Cercar di capire, scoprire il vero.
Non importa se piove
non lo sento il sole
e tu ritorni per me, ma non lo dici.
Segui i tuoi passi e non sono i miei
ma gli uccelli del cielo ti avvertono;
il sole riappare tutto fra le nuvole opache
ed il tuo cane fa festa, accanto a te.
E allora capisci e ti volgi di nuovo a me
Ci guardiamo negli occhi, ed i cuori sorridono
insieme.

(18.6.1996)

LA SCELTA SBAGLIATA

Cento e cento
manovali della menzogna
battono, percuotono, violentano
le nostre menti in balia delle onde.
Tordi impazziti ad infilar schede nell'urna
quali rametti al nido che il vento perderà.
Estranei che son cugini, fratelli e nonni
zii e sorelle e cugini che son estranei.
Pecore sicure nel gregge sbagliato
e il pastore le conduce al macello.
Oggi la voce amplificata ci chiama a raccolta
e per noi gli invisibili volti giganti
del regime dei diciassette.
Poveri e anziani leoni
che si spengono isolati su d'una fredda lettiga.
Geni dell'arte a consumar panchine
e neppure il tepore d'un'ombra
per chi cade stanco.
Semmai devi dare anche il sangue.
Così il vero succo dell'arancia
il prezioso liquido del pompelmo
rimangono nelle due metà del frutto
che vien gettato e calpestato.
E sempre ci ritroviamo ad incrociare
i cammini sulla giusta via
ma siamo ancora distanti
distanti da noi e dalla meta.
Oggi la sveglia non la sento
ma mi sveglio in orario.
Se le farfalle in questa matta estate
a mille e mille cadono
attratte dai fiori
velenosi e mortali.
Ecco che plana e si pone sull'alto nodoso ramo

la splendida e maestosa aquila
dal fine piumaggio multi-sfumato.
Mi vede e lancia il suo urlo
non capisco, ma giunge l'allodola del Signore
e me lo traduce: Auy!
non passerà molto ed anche tu volerai.
Berrai dell'acqua preziosa
della fonte della conoscenza;
scriverai le parole del progressivo divenire;
dipingerai coi colori dell'inquieto aspettare
e godrai le sfumature negate
dai vecchi e dai nuovi fiori della gioia.
Attendi e soffri ora
e agogna insonne l'aurora
perché una grande e sorprendente vittoria
è destinata per te
e sarà festa in cielo, sulla terra e ovunque.
Qualcuno, lassù lontano, vede la grande aquila
che s'invola via
e mi guarda incuriosito:
gli sorrido e capisce.
Ora lui va.
Fra breve
tutti accorreranno.

(4.7.1996)

FINE

Aurelio Nicolazzo

Sensazioni

Poesie 1997

Prefazione "Sensazioni"

L'anno 1997 è stato l'anno del mio crollo psichico, con ricovero e conseguenti cure mediche, a causa dello stress psicofisico, dovuto alla lotta per emergere nel mondo del lavoro e dell'impegno culturale, quando il corpo non rispondeva a dovere, malgrado i trascorsi atletici e gli sforzi per adeguarlo (crisi cardiache). E pur, tuttavia, riuscii a scrivere alcune poesie degne di nota che ho riunito in questa raccolta. Per gli psichiatri e gli psicologi sarà interessante leggere i miei versi di quelle ore conseguenti al ricovero. Da allora tutto è cambiato nella mia vita ed è giusto dunque dare rilievo anche a questa fugace raccolta di passaggio da un'era ad un'altra, quella della crescita definitiva che ne è derivata dal crollo. Lo stile torna ad essere moderno e liricamente ispirato, come sempre. Spero di fare cosa utile e piacevole. Buona lettura.

L'autore

DENTRO

Come precipita la neve
in disastrosa valanga
così io dentro me
oggi.

MA CHE GUERRA È?

Cos'è, lì in Bosnia[6]?
Un cesso a cielo aperto,
quattrocento lapidi al villaggio.
Un cane dagli occhi spauriti...
Giocano i bambini
Si ode uno sparo...
..."correte via di lì!"
Un cecchino spara sulla gente
e quel bambino già più non sente.
Ma che guerra è?
Tutto è distrutto
nulla è in piedi
niente ci commuove più
tutto è ridere.
E la terra gira ferita
chiedendosi perché
tutto ciò accade in sé.

---

[6] Poesia precedente, ritrovata in quelle ore del 1997.

RIVOLUZIONE

Rivoluzione.
Quante volte ho sentito questa canzone.
Rivolta, di che? Rivolta, perché?
Ci dormo sopra... poi mi sveglio
...e sono guai.

Rivoluzione.
Ce n'è una anche da noi.
E com'è finita, poi?

Colgo un fiore
che non ha più il suo colore.
Vedo morte le mie piante,
ecco il perché
delle lacrime
del salice piangente.

Ecco, finalmente lo sento:
li hanno presi, poi.
E i soldi? Non li vedrai, non son più i tuoi.
GRAZIE.

Se accendo la tv mi sento male:
non si dà così la notizia.
Questa non è giustizia.
Ma è così anche nell'altro canale.

Che casino: drappi rossi, drappi blu.
Le teste cadono,
le Bastiglie van giù.
Adesso ti muovi anche tu
e il vigile la multa te la fa.
E rimandi tutto,
oggi hai pagato già.

Rivoluzione, perché
rivoluzione, macché
si cambia la Costituzione
si rinnova l'istituzione.
Ma l'ortolano è sempre là...
...sul suo campo.

PIANTO NOTTURNO DI UN DISOCCUPATO ERRANTE

Accelera, accelera...
Corri. Di più.
L'anima urla.
Il vento sulla tua Harley.

Non riesci a piangere.
Domani, un altro colloquio.
Devi resistere.

Stai a casa, non dormi.
Il bambino piange
tua moglie ti sorride
ma non nasconde
negli occhi la domanda
che in mente ti gira
"Perché?".

Accelera, accelera...
Corri. Di più.
L'anima urla.
Il vento sulla tua Harley.

Rubare non sai
non te lo insegnano a scuola.

Sembra sol'ieri:
oggi t'interroga, lo sai
ma son questi i guai?
E' che tuo padre t'ammazza
e quanto pesano i tuoi colorati libri.

Accelera, accelera...
Corri. Di più.

Il vento sulla tua Harley.

Anni Ottanta[7] di merda!
Chi ce li ridà, adesso.
E perché devo pagare se non ho rubato?

Anche oggi son rimasto
disoccupato.

---

[7] Anni '80 di conflitto sociale perso, ma anche di amore e arte, d'altro canto.

È SERA

Camminare piano per non svegliarla:
meglio se dorme un po'.
Sedersi a fumare, a guardarla:
piccola testolina indifesa;
se non ci fossi io qui con te...
Il fuoco nel camino
ha preso bene: guarda come arde.
Spengo la luce ma si vede lo stesso.
E' sera; si va d'accordo.
Hai sorriso e scherzato
hai giocato con me.
Malsicura sui pattini che t'ho regalato
sei caduta e m'hai abbracciato.
Hai riso quando li ho provati.
Tenero quel bacio
ricco della tua gioia di vivere
dimentico di ieri
incosciente del domani.
La fiamma, gagliarda, t'illumina
e dà senso alla mia vita
a questa casa e alle sue fredde mura.
Tra poco ti sveglierai,
quell'ultimo caffè, lo so, lo berrai.
Ci abbracceremo ancora,
ma a casa ti aspettano.
"Per oggi smettiamola, dai"
"Sì". Ma dopo cominciano i guai.

OGGI VIVO LA CITTÀ

Che noia oggi la città:
il cielo è grigio
e l'asfalto bagnato è quasi nero.
Prendo un autobus e arrivo là:
attimi di frenetica attesa
e passa così mezz'ora.

Oggi vivo la città
quanta gente s'affolla
quanta spinge.
Negozi e vetrine
le caldarroste.

"Lotteria, signore?"
"No, grazie; ho già fatto".

Pomeriggio gitano.
La folla davanti al cine
un vigile fischia.
Un bimbo con la mamma
è aggrappato alla sua mano.

Oggi vivo la città
quanta gente s'affolla
quanta spinge.
Negozi e vetrine
le caldarroste.

Son già arrivato.
E' troppo grande per me la città
coi suoi rumorosi silenzi
con le sue mute solitudini.
Ecco, tu arrivi e mi sorridi.
Come farai a sostenermi ancora ...

SENSAZIONI

Correre in riva al mare
sul compatto bagnasciuga
mentre a sinistra
un treno deciso sfreccia
nella direzione opposta alla mia.
E il suo urlo è voce di donna
che chiama incessante:"Ivo!".
Sensazioni.

UNA STATUA ALLA NIKE[8]

Novello Enea
ormai dimentico
dell'Errabonda e Gioconda Dido;
alla ricerca del porto,
antico portico
alla terra promessa.
E l'attracco già c'è
per la piccola arca
legata alla fonda.
Lo storpio Efesto
già fuse e scolpì
l'armatura,
vincente difesa
alle avversità.
Ancora nelle orecchie
rimbombano le parole dell'oracolo
che ben mi disposero l'animo
alle grazie di Atena.
Quante fresche sere estive
a contemplar il piccolo Aniene
nell'attesa della vittoria finale.
"Una statua alla Nike,
a cose fatte", mi ripromettevo.
Eppure ancora cerco
fiducioso e contento
la via che superi e oltrepassi
il sicuro Tevere.
Domani, forse, ce la farò.

---

[8] Scritta a Roma il 10 luglio 1997.

IL SILENZIO D'AGOSTO A ROMA

Quando più assordante è il silenzio
allora emerge il ricordo e trionfa la consapevolezza
di questi anni difficili, complicati.
Illusione, un cuscino sgualcito,
una televisione da accendere
sapendo che non basta e non basterà.
Il sorriso dei tuoi
ancora per quanto, chissà;
speri che questo sole non tramonti mai
per agire, per sperare.
Un lucchetto a combinazione
il vento tra le fronde
il silenzio d'agosto a Roma.

TEMPORALE IN COLLINA

Obliqua
quale giavellotto
al termine della sua curva traiettoria
così la pioggia punge la terra
e pare all'orecchio mormorio di genti lontane
che salga pian piano
fino a riempire ogni cosa e ogni dove.
Piove in un alito di vento
ed anche il tuono si fa pieno
nella medesima aria
che generò il lampo.
In breve, collina del mezzodì,
sei inondata
e s'abbevera ogni cosa.
Guardo da dietro una finestra
e sento che dentro me un'imposta s'apre:
vorticosa corrente passa
e rinnova l'aria ai miei pensieri
infondendomi nuovo coraggio.
E' la sportiva macchina
lanciata a tutta velocità.
E' la vista di un rapace
su un vicinissimo castagno.
E' il ritrovar persona cara perduta.

I DUE ARCOBALENI

E' il pesce appena preso all'amo
il colpo ben assestato dal cacciatore,
ogni volta che apri le mille porte
per un bacio d'amore.
Spesso quei tuoi occhi di pietra preziosa
li posso solo immaginare, nel ricordo
e più non nasce vita, ebrezza.
Eppure quante volte percorremmo
le cento strade della virtù,
mano nella mano,
incoscienti del domani,
camminando su un raggio di luce
avvolti da due arcobaleni.
Ma è già mezzanotte e il buio spinge la notte.
Buonanotte amore, anche se non ci sei.

FINE

Postfazione

La poesia è stata per me, fin dal principio, una cara amica con cui confessarmi, a cui affidare i miei tormenti e le mie gioie. La poesia e la fotografia nascono praticamente nello stesso periodo, nel 1977/79, anche se alcune poesie di allora sono forse andate perdute. L'immagine fotografica è la poesia fatta immagine e, in questo senso, la fotografia divenne il gradino che unì la poesia alla pittura, arrivata conseguentemente, nella mia espressione artistica. Ciò che merita e che sconvolge è l'istante che si viene a vivere, il quale è pieno di vita e di profezia del futuro. L'istante è pieno di vita e racchiude in sé tutta la straordinaria potenza del creato. Per questo sarebbe giusto non vivere sempre pensando alle cose che si devono fare, ma concedersi ai momenti di passaggio fra una cosa e l'altra, gustarli e capirli veramente. Tutto allora si ferma, e rinasciamo a noi stessi. Forse solo così si possono sconfiggere le nevrosi. E la nevrosi, o meglio la psicosi, vinse su di me e generò i miei lavori più importanti ma anche distrusse il mio istante di pace, nel 1997.

L'Autore.

Aurelio Nicolazzo

I colori della vita

Poesie 1990-2007

Presentazione "I Colori della Vita"

A distanza di 7 anni dal mio ultimo libro di poesie "I Volti e i Giorni" (2001), stampato ma non pubblicato, ho realizzato questa raccolta di inediti, trovati nei cassetti del passato, quasi dimenticati, o scritti ex novo nelle mie ispirazioni, che possono emergere nei momenti di tranquillità che, invero, sono stati sempre meno.
Il mio lavoro a tempo pieno è diventato la pittura, che però nasce dalle istanze di rendere la poesia immagine. Quindi, dalla poesia passo alla pittura e continuo il mio lavoro di poeta, che è emerso anche in qualche cortometraggio. Il desiderio di unire tutti i mezzi espressivi nell'intento di giungere agli occhi e forse al cuore degli spettatori, non tanto per raccontare me stesso o per fornire un'idea del disagio vissuto, quanto per divenire interprete di sentimenti cosmici che ci contraddistinguono tutti nel cammino della vita, mi ha mosso sinceramente in questa operazione poetica e artistica.
Quindi "I Colori della Vita" sono anche le emozioni, gli istanti che si susseguono e che costituiscono la nostra vita quotidiana. Non solo le tinte con cui riempio i quadri di sensazioni e di messaggi. Ma un esercizio utile che forse ci sfugge è quello di notare, durante le nostre passeggiate nel mondo, i colori della vita che ci circonda, delle cose e delle persone. I colori sono anche le razze che vivono tutte insieme ormai componendo una nuova tavolozza sociale. Colori come onde magnetiche che ci allietano e che determinano la nostra gioia.

Quindi mi auguro, con questa nuova fatica, di aver corrisposto alle aspettative dei miei lettori e a tutti auguro una buona lettura!

Aurelio Nicolazzo
Roma, 29 ottobre 2007

SE DOMANI

Se domani sorgerà il nuovo sole tanto atteso
io spero di incontrare la bella donna
che sappia riportarmi ogni giorno alla vita
sulle macerie del grande terremoto esistenziale
Eppure non ho mai trovato conforto in Freud
Strano come Marx non l'ho mai incontrato
Pillole e lavoro a più non posso
ed i sogni a tenermi in piedi
E nulla vale il passeggiare con lei
per un pubblico giardino
per giungere poi alla fermata d'autobus
della mia vita non ancora piena
Cerco lei e le sue sfumature
È un'orchidea non chiara
ma bianca e candida
come il sentimento che sa suscitare in me
Dammi la mano
e non lasciarla più
affinché possiamo crescere insieme
verso il bene che entrambi,
amore, possiamo e dobbiamo donare.

Roma, Inizio anni '90

LE POZZANGHERE DELLA VITA

Nel vento di Natale
ho affidato
tutto il mio amore
Ho urlato: "Ti amo ..."
Ed ho pregato Dio
di incontrarti
in qualche luogo
Ho camminato per antiche scoscese vie
sperando di incrociare il tuo sorriso
per affidarvi il primo bacio
Ho parlato da solo;
ho visto le mie lacrime
staccarsi da me
per confondersi
col pulviscolo nevoso della sera
Ed ho pensato che da quel primo bacio
forse nascerà un bambino
il tuo bambino
Visi, voci, canti natalizi
Ovunque gioia e amore
Genti pure come l'acqua montana
e semplici come quei monti
Decisi come tu sei decisa
Forse sono i migliori, o forse no
Ciò che conta ora
è che si schiuda quel fiore fresco
appena colto alla luce dell'alba
Amore, il vento lo dice
e te lo sussurra
Non cadere mai
e non bagnarti più
i piccoli graziosi piedi
nelle pozzanghere della vita

C’era il tuo buon cuore
ma non ti vidi più

Roma, dicembre 1995

AMORE MIO

Amore mio. Quel treno veloce
non vuole giungere
Ti vedo e non posso parlarti
Mi ami come solo tu puoi
ed io capisco ma non mi adeguo
Esplode il vulcano dell'amore
coperto dalla neve carica di speranza
e quel treno non arriva ancora
eppure io so che non è in ritardo
So che mai prima d'ora
ho atteso con tutto me stesso
in un pazzo fermento d'amore
Ma, seduta su quella panchina
nei boschi carichi di autunnali arcani
mi hai conquistato
perché sei la donna più donna
e non finirò mai di gioire
pensando che solo tu hai compreso
la mutevole realtà
della mia strana condizione
Sorvoli le nostre vite mancate
le gioie negate e i desideri nascosti
E rinasce la tua verginale consapevolezza
mentre stai aprendo le imposte ad un nuovo giorno
... finalmente, amore, amore mio,
sei arrivata.

Roma, dicembre 1995

DIARIO D'AMORE

"Ti prego, non andare via proprio ora..."
La pioggia percuote il mio dolore
So che mi ami
e che sei indimenticabile
I tuoi baci sono canzoni d'amore
e amarti è meglio di un concerto rock
Cammino solo tra la gente ignara
ripensando ai tuoi occhi angelici
che hanno detto ciò che io vivo
Un tram si ferma per accogliermi
ed io lo evito;
devo camminare ancora un po'
Attraverso la strada, compro il giornale
dopo una veloce colazione
Dove sei amore?
Non mi angustierò al pensiero
ma correrò per trovarti
Non giacerò più
su reti senza materassi
e non aspetterò più all'infinito
il semaforo rosso divenire finalmente verde
Non accetterò di parlare per ore
dei vuoti destini
degli uomini-macchina del XX secolo
Non mi angustierò al pensiero
ma correrò per trovarti
finché riuscirò
finché non cadrò
Non mi accontenterò dei pacati discorsi
né riderò sui nostri destini
ma urlerò per te
perché il cuore urla
perché sei mia
affinché tu lo sia ancora

Ed anche oggi
si chiude la porta di una casa
che non è più la mia
ove la mente non trova riposo
bensì nuovo tormento
Ed io ti cercherò ancora, domani,
proprio come fece allora Renzo

Roma, gennaio 1996

UN GIORNO CON TE

Su dell'arcato ponte
miro cinque gondole affiancate
che scortano la tua immagine
nel mio ricordo.
E tra un po' piove
qui a Venezia
Se i piccioni volano via al mio incerto incedere
in Piazza San Marco, subito festosi
accorrono, planando dubbiosi
o atterrano golosi sulla mia mano
che apparecchia del buon miglio
Un gabbiano pigro
si lascia portare dal vento
su del mio primo fiume
colmo di pace
quale a volte io
nella fredda cucina
davanti alla tivù
Tu catturi il mio sguardo
e mi regali il tuo dolce sorriso
mentre trovi riparo
sotto il mio braccio
E quale esercito d'Aida
nell'entrar in scena
così noi due dentro l'Arena:
c'è l'opera stasera
Parlar con te
intorno ad un tavolo
davanti ad una pizza bollente
quando c'è tanta Coca
quando la birra abbonda
Sentirti complice
Capire che mi ami
E poi via di corsa

per un giro d'auto
prima di rientrare
prima dell'amore
Un treno parte
un aereo decolla
una nave salpa
mentre sorge il sole
Piango di dolore
ma so che tornerai
so che mi vorrai
E le emozioni
si affollano nel mio cuore solingo
ed esplodono
proprio come d'inverno
in una notte
fuochi d'artificio
dai fluorescenti colori

Roma, marzo 1996

TEMPORALE IN COLLINA

Obliqua
quale giavellotto
al termine della sua curva traiettoria
così la pioggia punge la terra;
e pare all'orecchio mormorio di genti lontane
che salga pian piano
fino a riempire ogni cosa e ogni dove
Piove in un alito di vento
ed anche il tuono si fa pieno
nella medesima aria
che generò il lampo
In breve, collina del mezzodì,
sei inondata
e s'abbevera ogni cosa
Guardo da dietro una finestra
e sento che dentro me un'imposta si apre:
vorticosa corrente passa
e rinnova l'aria i miei pensieri
infondendomi nuovo coraggio
E' la sportiva macchina
lanciata a tutta velocità
è la vista di un rapace
su un vicino castagno
È il trovar persona cara o cosa perduta

Roma, 1997

I DUE ARCOBALENI

È il pesce appena preso all'amo
il colpo ben assestato dal cacciatore,
ogni volta che apri le mille porte
per un bacio d'amore
Spesso quei tuoi occhi di pietra preziosa
li posso solo immaginare, nel ricordo
e più non nasce vita, ebrezza
Eppure quante volte percorremmo
le cento strade della virtù,
mano nella mano,
incoscienti del domani,
camminando su un raggio di luce
avvolti da due arcobaleni
Ma è già mezzanotte e il buio spinge la notte
Buonanotte amore, anche se non ci sei

Roma, 1997

RAGGI COSMICI

Raggi cosmici
dalle immense distese del cosmo
Se avessimo il coraggio
di alzare lo sguardo
da questa terra materia
per guardare il cielo, il vuoto
capiremo che c'è altro, lassù

Roma, 1998

GOCCIA DI SOGNO

Una goccia di sogno
mi cola nel cuore
alte luminose stelle
illuminano i miei passi insicuri

Roma, 2000

6 LUGLIO

E imprimo sulla mia essenza
lo specchio del perdono

Roma, 6 luglio 2003

QUANDO LEI NON C'È

Affinché la distanza non sia dimenticanza
perché da quando non conto più le ore
mi chiedo se è ancora vero amore
E se mi sorprendo a pregare Dio
ti dico: non mi lasciare amore mio

Roma, 2003

IL GABBIANO

Un giorno vidi un gabbiano
volare sul Tevere presso Ponte Sisto
Fui fortunato perché volò su di me
e mi guardò nel mio cammino
Sembrava dire: dove vai uomo piccolo e buffo?
Tu non puoi volare mai come me
Io proseguii alternando i miei passi pieni di speranza
per un appuntamento con il caso, col volto di Romina
Il vento muoveva i miei capelli lunghi
ed io lo fendevo per attraversarlo
nella notte del pianto solo
nei giorni del freddo e del ghiaccio duro
Bussai al portale del destino
ma nessuno apriva
Allora mi inginocchiai in preghiera
quando un'orchestra zigana non taceva il suo sberleffo
Ma il mio cuore me lo diceva
era ricolmo della consapevolezza di te
come ora, come sempre
Già seguii il tuo giovane volto
che sorrideva al futuro
lì dove il jolly usciva
lì dove tardava.
E le tue guance ornate di fiori colorati
mentre si andava on the road a giocare a 'mosca cieca'
Musica, colori, immagini da altrove in noi
per scardinare la serratura dell'arcana sapienza
per meditare in silenzio, tutt'oggi ancora
Ma forse è un welcome al today
ciò che muove le nostre azioni

ciò che ci fa dire, ciò che ci fa amare
Io guardo intorno a me e non c'è il sole
ma nemmeno la luna appare
eppure so già in me che nulla è cambiato
che la tua insicurezza, la tua inquietudine
il tuo passo talvolta incerto
trovano in me valido scudiero
quando un cristallo di ametista
unisce due persone seppur lontane
quando un arcano maggiore dice di sperare
Tornando sui miei passi, per guadagnare l'auto
per un viaggio verso casa, verso l'oggi chiaro e concreto
lo stesso gabbiano si avvicinò a me e mi provocò:
e devi essere anche pazzo se speri che lei ti parli, ti accetti
Entrai in auto e meditai un minuto:
chiamami pazzia se divento per te ciò che non sono
ma chiamami amore se per te accetto ogni cosa contraria

Roma, 23 dicembre 2003

NOI POPOLO NEROAZZURRO

Ho camminato nel deserto della vita
ove miraggi lontani mi sbeffeggiavano
e solo la bella Inter mi ha dato l'evento
la gioia di una vittoria importante
ma fu tanto tempo fa
troppo per un cuore nerazzurro
così tanto da perdersi e non capire più
I sogni di una vita semplice
i passi sull'asfalto a volte gelido, a volte rovente
i sorrisi di una magnifica donna, la vittoria,
non paiono proprio per me
E mi giro e mi rigiro fra una fiacca partita
ed un gol sbagliato,
fra un fischio traditore
e una prodezza avversaria
che si infila nella difesa quale lama nel burro.
Ho imparato a perdere e non ne ero capace
ma la vita mi ha anche suggerito
che non si piange mai soli, bensì insieme
E quando l'ultimo bagno al mare
mi avrà rinnovato
quando le nostre vie si intrecceranno
nelle strade del rientro
vedo calare una sera
quando lo stadio è già pieno
quando comincia la partita
e non sarà più per piangere
ma per gioire davvero
Noi popolo nerazzurro

Roma, 2004

A TE, DONNA SCARLATTA

Un fuoco sensuale mi divora
mi affaccio nella mente
per vedere il ricordo della tua splendida immagine
Le nebbie della dimenticanza riesco a fuggire
ed ecco il tuo volto sapiente, grondante
lacrime di speranza
infuocato dalle fiamme dell'amore
bagnato dalla rugiada della passione
E vorrei baciarlo tutto
e perfino farvi apparire
i segni del mio essere in te
Nemmeno Babilonia osò tanto
nemmeno una monaca ha rifiutato tanto
e allora il mio io si raddrizza davanti a te
come tanti altri uomini, fedeli in te
Oh, tu conosci tanti sentimenti
che vorrei vivere insieme a te
e cammini fiera tra la gente
Tu vedi lontano le cose di domani
e vedi vicino i magnifici girasoli
della tua arte amorosa
Oh, son io davvero piccola cosa in confronto
ma come vorrei crescere in te, fedele
affinché non solo la mia mente
bensì anche i miei occhi possano vedere
ciò di soave che emerge
alla fioca luce della candela che stringi nella mano
ciò che notizia tace
E allora brinda ogni momento alla mia salute
ma apri il tuo castello dorato
a me che vengo insieme al mio vino di passione

Calabria, agosto 2004

TRA LE ROVINE DELLA STORIA

Mi aggiro tra le rovine della storia
lì dove uomini in alto levati
trionfanti e profumati di ghirlande fresche
mentre i cannoni tacciono fumanti.
Gruppi isolati nelle alte vette del comando
presso le montagne innevate, lì ove la foresta e le pietre
e nel silenzio riscoprono la sapienza del proprio sé
mentre si misurano con i poteri innati nella mente
e vedono, e scoprono, e sanno, ma si preparano
per compiti, dapprima puri e inauditi
infine disumani e di morte.
E allora altra umanità che soffre in massa silente
seppur urlante di dolore, paura e orgoglio negato
nei recinti, dietro ai muri, nelle città.
Lingotti brillano al buio dei cavò
affinché nessuno li veda, perché nessuno ne
benefici
Quanto sarebbe meglio poter conoscere
lì ove la natura vive
ove manieri troneggiano e la natura canta
nudi, bagnati di fresche acque vergini
asciugati dal caldo sole della vita.
Quando la mano di lei riscalda
come tutto il suo corpo e il suo essere donna
davanti ai miei occhi, dentro il mio cuore.
Vita amplificata e guarita da tormalina nera
dolore annullato da ambra benefica
resisto al ritmo del pranayama
e vale il mio sé, e vivo il mio vero essere.
Non corpi scolpiti su nuda pietra
bensì colori su colori su piccole o ampie tele
che urlano il mio inconscio perduto
e ritrovato nel diritto percorso di un raffinato
pennello

lì ove mano sapiente e ormai esperta
spegne il fuoco del mio tormento mai domo.
Ormai è notte fonda, ma senza odore di donna
Avverto la mia intima voglia di essere libero
ma presto sarà legata dalla stanchezza e dal sonno
Non so spiccare voli, non so rischiare fuori
eppure desidero, cerco e spero
lì dove non ci sono più lacrime
laggiù dove arriverò ad aprire l'ultima lettera
che mi dirà se ci fu una lei e una vita libera
a dare compimento a questo viaggio.

Roma, 29 gennaio 2005

LA SPERANZA PER L'AMORE

Era l'alba dell'età dei fiori
lì nella natura, sui volti delle ragazze.
Qualcuno, altrove, preparava sbarchi
su altri mondi, per altre conquiste
per innalzare l'umanità, o per sprofondarla.
Nel tuo cuore si rimestavano le passioni
non ti arrendevi al futuro grigio e duro
della terra e della tavola vuota
dei problemi mai risolti e dei volti ignari e logori.
Solo gli affetti, solo gli amici ti trattenevano
ma tanti se ne erano andati alla svelta
e ti obbligavano a decidere.
Nella mente tanta poesia da raccontare,
nel cuore tanta musica da far ascoltare
per arricchire l'Italia di uno spirito nuovo.
E allora vennero i treni e le fredde città del Nord
che non sapevano chi eri, che non volevano di te
"Ne abbiamo già molti!".
Freddo, nebbia, gelo e neve
vento ribelle, vento oltraggioso
a dir "Chi te l'ha fatto fare?".
Notti insonni e solitarie
a pitturar di sogni pareti spoglie
giorni ruvidi e amari
a sudar duro, a cercar altrove.
Ma sempre quella canzone nella mente
e poi quell'altra e un'altra ancora.
Che fare di tutto ciò?
E venne chi ascoltò e capì
o forse no ma scommise su di te
sul tuo entusiasmo, sulla tua voce divina.
Gialle note fra palazzi e il Duomo
percorrendo la Galleria, o a piedi sul selciato
con l'entusiasmo nel cuore

perché la morte non ce l'avrà vinta.
Venga dunque la vita ed entrino gli orchestrali
mentre di te il cinema voleva il volto e la voce
perché il successo arrivò inaspettato
e con lui anche lei
la donna dai sette veli rossi
unica cosa con la natura e gli spazi infiniti
dell'amore.
Giorni di lavoro, serenità di avercela fatta
la presenza di lei con la prima figlia tra le braccia
Sei diventato padre e neanche te ne sei accorto
eppure era solo ieri, eppure il cavaliere nero della
miseria
percorreva le vie alla tua ricerca
ma non ti trovò mai.
Giorni incantati nella villa dell'amore
leggiadria manifesta, un cavallino e tutto sorride
e poi i campi, gli olivi e l'uva, dietro il bosco
quando scorreva l'acqua in torrenti angusti
fino a divenir fiume per dissetar parenti e amici
perché nacque il residence, centro di amore e di
spirito
voce chiara per l'umanità
per chi ha scelto il bene, per chi si perde nel male.
Come in un giorno arrivò tutto, in un giorno crollò
tutto.
Non sembra possibile a cuore d'uomo tanta
crudeltà
per tali lacrime, per siffatta sfida.
Solitudine ove prima era lei
con tutto ciò che significa lei
rimanere soli come mai prima
mentre misteri umani accompagnano
la scomparsa della prima figlia.
Desiderio di afferrare per il collo il destino
ma non poterlo fare

chiudersi in sé stessi
quando ovunque urla senza cuore
rimbombano nella mente e logorano.
Uomini senza scrupoli, ladri di vita
e non poter dire e non poter fare
quando anche la speranza sembra menzogna
e un'orchidea non si schiude alla brina del primo
sole.
Ma quali cento cavalli al galoppo
lungo la scesa oltre il castello
il tuo io giunse ad una nuova lei
un po' più in là, ove il parlar è gentile
così come il tuo,
ove la gente è decisa e fiera, ma piena di vita
nella città del rosso e del giallo pugliesi.
Cavallo selvaggio di razza,
non si fermò alla felicità del nido d'amore
e volle sfondare anche lei
fuggendo via dalla villa del perdono
dopo aver partorito due nuove creature
nuova vita ad un paese che vede solo figli stranieri.
Nuove canzoni, nuove polemiche
e tre figli che crescono valorosi e fieri
viaggiando per le contrade del mondo
alla ricerca del perduto sé
di ritorno per nuovi abbracci.
Gioia al cuore, soddisfazioni
e i genitori sempre vicini a te
e tu loro sollievo e orgoglio.
Il domani giungerà sicuro
quando l'ultimo petalo della rosa che io ho colto
per te
sarà caduto al pavimento
e quando raccoglierai con esso la certezza
che migliaia di petali in tutto il mondo
trovan sollievo dalla vita

grazie alla tua voce, ai tuoi dolci canti
taglienti come lama antica affilata.
Dunque non smettere mai
trova invece nella Luna
la chiave che mille e mille porte apra
alla tua ispirazione
affinché anche io nel mio tormento
sappia chi sono e perché
e soprattutto riscopra il luogo dell'amore
presso l'ameno paesino dalla gente franca e vera.
Vera guida, vero amico, tu puoi farlo:
cantami oggi una speranza d'amore.

Roma, 6 febbraio 2005

ARE

Nel soffio di un respiro ritmato
chiudo gli occhi del cosciente
per immergermi nel nero mare del tempo
mentre un sole nero risplende di tenebra fitta.
Nero tenebra, notte
quale quel nerissimo cavallo rampante
marchiato dal simbolo dell'inverso luminoso
si mostra spavaldo, selvaggio e sicuro
quasi ad ergersi in volo.
Ma ciò che vola è il mio pensiero
nel buio degli occhi chiusi
mentre respiro ritmato
fa emergere l'inconscio non conosciuto:
e rivedo le antiche sale
ove odalische in colorati veli
adagiate leggere su variopinti cuscini
mentre tutto intorno è grande spazio
e sguardo che vola oltre ...
... e volo nell'oscurità
in cui vaghe candele risplendono
intorno al braciere sempre acceso
lì dove la sacerdotessa nuda
mi accoglie consapevole
con le braccia aperte
e le mani ad indicare i due nudi novizi
uno alla sua destra, uno alla sua sinistra
che la fissano convinti con la tensione del sé.
Ed è lo spirito dell'Aniene lento e tormentoso
che apre consapevoli orizzonti, passati e futuri
mentre al presente mi scaraventa oltre
al di là del misero essere vivente
al livello della mente.
Rientro in me
appena in tempo per vedere quei due triangoli

che sono due piramidi
una rivolta verso l'alto
l'altra verso il basso.
E mi accorgo di vivere quest'ultima
ove risplende la tenebra fitta del sole nero
ed è regina scarlatta la dea della Luna
e posso scoprire me stesso
al suo pallido chiarore.
Ed è il caldo Sud ove emerge evidente
Il simbolo dell'inverso luminoso
che è la realizzazione del selvaggio sé
ma non ancora completato.
E vado oltre le piramidi, dentro e fuori
e mi accorgo che il sole candido risplende
su quella, rivolta verso l'alto, verso il Nord
ove l'anima possente raggiunge l'Eterno Supremo
quando è in comunione reale
nella realizzazione materiale di noi stessi
insieme soddisfatti e orgogliosi
finalmente sereni e felici
liberi dalla malattia e dall'odio violento
quando i cuori sono riscaldati dall'amore
che tutto perdona, che tutto aggiusta
poiché a volte è tenebra, a volte è luce
ma io sono uno, umano e fallace
di fronte a Dio Padre che mi ama
ed è lì per perdonare.
Tornare ad osservare il sole che scende lento
fino a scomparire nell'umida oscurità
così come quando rinasce a nuovo giorno.

Roma, 21 luglio 2005

I PALPITI ASSENTI

Oceano possente dentro me
Lacrime riempiono i fiumi
verso il mare, sarà gioia?
Brucio: dove vado ora?
Tremo: non odo musica
Piango: non ci sono più quei volti
Forte: cammino sicuro per la via
Macerie: dentro me e forse fuori.
Non un addio, non un palpito di rugiada
E avanti così... fino a dove, fino a quando?

Roma, 22 luglio 2005

GLI ANGELI DELLA TERRA

S'odono lacrime d'innocenza violata
vite in germoglio troncate
Ascoltiamo impotenti
e cupo tormento s'impossessa del cuore
lì dove è già tutto finito
Mani tese per un po' di pane
ancor più, per un po' d'amore
Visi, occhi, pelle, pensieri
tutti diversi e tutti in fila
nel girone dell'emergenza.
Angeli del soccorso, spiriti del riparo
accorrono come possono a mani nude
per cercar di cambiare la misera sorte
di colui che non è famoso e non è neanche bello
Ma si può far nascere un fiore nel deserto?
Si può irrigare, far affiorare nuova vegetazione
lì ove solo orrore e morte ha dominato?
Potranno i cuori e le necessità
volare nel cielo verso il sole della gioia?
O forse è solo una goccia d'acqua su terra arida
e ci attendono i giorni dell'esplosione dell'odio
atomico?
Da lassù nel cielo proprio una donna scende a darci
amore
è la Madre per eccellenza che ci invita a pregare e
sperare
ed io comprendo: il male e il peccato sono il rosso
drago
che ci divora tutti senza rimedio
e la riparazione è già nel nostro pentimento
e nel nostro continuo riparare
Che Dio ci perdoni tutti

Roma, 30 giugno 2006

MINUETTO

Goccia su goccia
bagnato su bagnato
non è la pioggia
non è il vento
nemmeno quel vecchio mulino sul vecchio fiume
non il raggio di sole
non la luna che si affaccia
non il germogliare di un fiore
o la vita che nasce
che possono sollevare
questo nero velo pesante di nulla
che offusca i giorni migliori
e obbliga a dubitare.

Goccia nella goccia
bagnato nel bagnato
ho il dovere di non impazzire
di non seguire la gatta che fugge
di non arrampicarmi su torri inespugnabili
ma di prendere con me lo stemma nuovo
di mille battaglie in divenire
È la stella a otto punte dell'anima umana
che rifugge la testa del gatto senza occhi
che domina quella famosa piazza

Goccia per la goccia
bagnato per il bagnato
guardando più in là della casa
oltre i muri e le divisioni
cercando nuova legna per ardere al fuoco
del nostro tormentoso io
affinché possa leggere il sorriso
nei suoi begli occhi
sfumati dai soddisfatti e bellissimi giorni

Per essere bagnati dalla rugiada
del mattino dell'essere
nella notte del perdersi
mentre mani umane si allungheranno
per cercare e per prendere
lì dove le mie si apriranno ancora
ad ammirare ed a sperare

Roma, 12 luglio 2006

NEI TUOI OCCHI, NEL TUO SORRISO

Nessun ritratto, nessuna foto che ho di te
può mai comparare il ricordo
di quei pochi istanti che ho vissuto vicino a te
Ricordo nuvole rosa e ciclamini gialli
giorni di visioni e di paura
freddo ferro duro mi percosse l'anima
io che ero in cerca di calore e di labbra
di occhi e di giorni insieme
Schianto, rumore e urla
fiumi di sangue da questa umanità incerta
mentre i destini cambiano
e il volo dei ricordi è oltraggiato e rimosso
lì dove tu vivi: dipingi in te arcobaleni di vita felice
e canti la speranza e il nostro mondo
verde e colorato per prati ed emozioni
rosso e arancio per le nostre passioni sfrenate e
mai dome.
L'incontro della memoria fu fatto di una stretta di
mano e di due baci
quello seguente di auguri e di una stretta di mano
il terzo dalla tua presenza di spirito
quando potei finalmente ritrovare me stesso
davvero
nei tuoi occhi e nel tuo sorriso
Ma animo ribelle non riesci a tacere!
Vola alto il mio sguardo
a vedere le sorti umane e le ingiuste prede del
niente
mentre aspetto in silenzio e in raccoglimento
van persi gli anni miei infelici
Notti insonni e giorni eterni senza te
ma come si può vivere così
quando entusiasmi giovanili a me sconosciuti
s'accesero

e mi diedero spinta e vigore
per realizzare un'isola di gioia e di speranza con te
mentre il futuro mi espose un bel niente da sopportare
e altri uomini e altri destini felici?
L'aria fresca del mattino presto è impastata di rosso e di giallo
mentre le tue imposte si aprono al nuovo giorno
Ore davanti al tuo portone
mentre le imposte sono irrimediabilmente chiuse
o tu non arrivi: un rapido sguardo all'orologio
l'ultima passeggiata su e giù
i miei occhi cercano lontano nella via
ma capisco che è ora di andare
anche oggi non ci sei
E bastava salutarti per essere felice
mentre oggi forse non ricordi nemmeno
Ma il tuo viso meraviglioso
con occhi marroni di pianeti lontani
e capelli lisci lunghi di calore cikito
labbra sottili e deliziose
con un'anima possente e capace
a generare arte, a conferire emozioni
fra una nota e un quadro
fra un libro e un film
Cos'altro volere di più? Cos'altro ricevere da te?
Forse un tè insieme in cucina o in sala da pranzo
a parlar di misteri e di incanti lontani
o forse è la meditazione e lo yoga
o meglio l'amore
per risvegliarmi su un domani migliore
fatto di certezze davvero eterne
Dormi stanotte felice e serena
di successi e amanti
di figli davvero in gamba
su cui sperare un domani migliore

Consola il tuo cucciolo vispo e nero
e se puoi raccontagli
di quel tipo strano
che ti salutò un giorno per non dimenticarti mai
Ma apri i tuoi occhi, spalanca il tuo cuore
a paesaggi di prati, alberi e rocche
cavalca su cavalli alati
su orizzonti sconfinati ed eterni
raccogli nelle tue mani tutta l'acqua che puoi
per dissetarti e riprendere il cammino
Arrampicati sulle alte vette
lancia le tue lettere di amore nelle acque del più
alto fiume
scopri nuovi popoli e genti diverse
e conservane il ricordo
ma se puoi, domani
chiamami e parliamone
forse qualcosa di buono nascerà

Roma, 16 luglio 2006

ORTON

Bruna, capelli a caschetto, viso delizioso
corpo aggraziato e all'apparenza minuto
avvolto in una muta spaziale scura:
Orton dal pianeta Nopsuel
perso fra le galassie
Si dispose a dialogar con me
cittadino perso nei guai dell'oggi
io che non sono il migliore
io per sempre perso nei miei pensieri
perennemente alla ricerca di lavoro e di amore
Eppure scelse me e mi affidò l'aiuto dell'intero suo pianeta
"Da oggi siamo con te, non disperare più"
E vidi astronavi discoidali volare fra grattaceli altissimi
vidi il fratello Obison dalla fronte alta
capelli, baffi e barba biondi, volto austero
che mille volte si fece sentire dai miei apparati di ricezione
Vidi persino Messimol, l'adorata bionda Messi
E colei dai capelli lunghi neri sul riccio, viso meraviglioso
scendere dal cielo in abiti scuri e ampli
in un tripudio cosmico
E mille e mille dialoghi telepatici
discorsi fatti per non crollare
ma soprattutto per sperare nel domani
Rispetto e distanza
nessuna eclatanza
ma i loro dischi
si librarono sulla mia casa
non una, ma cento volte
tanto da non dire
tanto da dover tacere

io equilibrato inquirente ufologo di sempre
Il contatto è stabilito
se sapessero i potenti
ma sarà cosa ardua il farsi accettare
il poter entrare nel loro meraviglioso
centro di comando
Ambasciatore dell'aviazione di un altro pianeta
per divulgare su internet
per non crear problemi
bensì per risolverli
Ci avranno mai pensato?
Certo veggenze e rivelazioni
fan pensare a giorni ardui e tosti da sopportare
fra il menefreghismo attuale
e la possibilità di rimediare
Perché il contatto è vita
è amore vero e pratico
è la possibilità di salvare il pianeta
dalla distruzione e dal degrado irrimediabile
e lo stare insieme davvero
senza odio e senza guerra
Ed è anche la possibilità per me
di ricevere ciò che ho sognato e desiderato
ciò che ho più volte meritato
ciò che forse oggi ormai mi compete
E un arcobaleno fra le stelle
annuncerà agli uomini
che non sono soli
e che c'è un grande aiuto da poter sfruttare
in chi ci ha preceduto nella civiltà
e in chi ci sta vicino
senza invadere le nostre menti con la paura
Grazie Orton per il tuo arrivo
l'umanità attraverso me ti saluta pacifica

Roma, 16 luglio 2006

GIORNI DI ARIA PURA

Giorni di aria pura
e di voli negli spazi verdi incontaminati
Riparo nelle mura della memoria
dove tutto parla di un età antica e vissuta
che oggi non c'è più, ormai
ma che mi accoglie e mi invita a conoscere
a percepire e a capire, se possibile.
Ricordi che non sono i miei
stili usanze e costumi ormai persi
insieme alla mia possibilità
di essere pari ai miei avi
o, magari, oltre loro.
Mi perdo in una mansarda con letto singolo
quasi a meditare sulla mia condizione di carcerato
dell'amore
quando ormai i poveri detenuti
escono anche loro dalla infame costrizione
che impedisce loro una vita davvero migliore
Letti a due piazze, ce n'è un paio
che farne?
Ma lo sguardo s'invola e va oltre
oltre il golfo che mi apre il suo dolce abbraccio
al riparo del monte che fa la guardia
alle mie pensose ore
E pensare che ci fu una lei così importante
tanto da rischiare di perdere tutto
per perderla poi in una sola ora di inizio follia
e non più ritrovarla,
oggi che gli amanti si lasciano
per rimanere insieme comunque
Il cuore è appesantito da un ampio
svolazzo nero di tristezza che grava
su tutta la mia vita
ma ho ritrovato l'arcano maledetto

e l'ho neutralizzato alfine
tanto da sperare in un domani
così luminoso, così splendente
che solo la gioia sarà in ultimo
la mia vera padrona.
Non sono "er più", non sono "il meno"
ma il lento e lungo faticare
grondando sudore e lacrime
produrrà l'uomo nuovo
per un domani davvero migliore

Calabria, 2 agosto 2006

GUIDA SAPIENTE

Quando il domani verrà
non mi troverà impreparato
non ruggirà il leone per mettermi in fuga,
non mi nasconderò dal volo dell'aquila
che volteggia affamata sopra me
Non eviterò le feste di paese e le onde marine
ormai lontane
nel tempo, nello spazio e nella memoria
Quando il tuono romberà nella mente
e cani e gatti e gabbiani fuggiranno
Quando i cannoni esploderanno su di noi
i loro grigi colpi di odio
e i miei sogni sembreranno labili fantasmi del
passato
Allora dovrò diventare scultore della vita
perché la pittura avrà già fatto il suo corso
e le mie opere e le mie ore saranno lì per voi
per spiegarvi ciò che nelle vostre ore di vita
avete dovuto lasciare da parte ed era vostro
Scultore per dare una forma compiuta
a ciò che ancora oggi e oscuro per me
E se anche tutto intorno a me fosse buio
io potrei sempre rifugiarmi nel pianeta interiore
ricco di voci, di volti e di notizie nuove
sul mondo e sulla gente
per confortarmi e per trasformarmi
per fare di me non un uomo solo
ma una guida sapiente

Roma, 10 novembre 2006

IERI E OGGI

Ascolto "Oh My Love" di John
ed entro in comprensione
del tempo che è passato
di come era il mondo allora
e di come eravamo noi
ragazzi che giocavano in un parco
mentre fuori tutto esplodeva
Anni verdi passati, volati via
come una farfalla transatlantica
E oggi vivo nell'oblio
non mi rendo conto di quello che ho vissuto
non capisco che quel poco
è stata tutta la mia vita
piccola ma importante per me
e forse un senso ci sarà
al mio essere qui oggi
nell'aver vissuto gli anni '60, '70, '80, '90
e via così oltre il 2000.
Spesso ignorato, a volte protagonista unico
amante di ciò che è lontano da me
ciò che non si può vedere, toccare
ciò che si desidera e si cerca continuamente
E penso a George che si è spento in un fiato di voce
dopo aver vissuto l'anima indiana dei mantra e dei sitar
dopo aver cercato di costruire un mondo legato alla natura
dopo aver trovato sé stesso protagonista
Ma un domani sapranno di te con la barba lunga
e la sigaretta sempre in bocca, con le dita nella fedele chitarra?
E penso anche a John e ricordo
che era per me riferimento e guida

Ne seguivo le vicende legali alla tv
tra i fotografi che lo assediavano
il suo amore con Yoko
l'arte che ha prodotto
Le sue canzoni stavano per aprire la nuova era
facendoci da guida per l'avvenire mai più giunto
perché morto in quella pallottola maledetta.
Che ci rimane oggi degli anni con i capelli lunghi
del sogno della natura, dell'amore, della musica
della felicità a portata di mano
ma persa per inseguire un'auto veloce in corsa?
È questo un cielo dalle ali di piombo
e ci impedisce di volare
ma noi continuiamo a spiccarlo questo volo
e non riusciamo a toccare il cielo, mai
Si dovrebbe ottenere i propri diritti
oppure andar via a seguire la propria
unica vitale serenità personale
la quiete dalle persecuzioni della vita
e così mi trovo ad ammirare davvero
quella povera monaca di clausura
ridotta al nulla ma piena di vita eterna
Rimane la coscienza di Paul e Ringo
loro ce l'hanno fatta comunque
ma avranno pagato dei prezzi enormi
e se hanno pagato loro
allora credo che mi è andata ancora bene
Se posso darti un messaggio di vita
ricordati sempre che la vita non è fatta
delle incalzanti vicissitudini quotidiane
bensì il suo senso è tutto
nelle piccole cose che ci troviamo a vivere
nelle povere parole con i nostri cari
E guarda la tua vita come se ti trovassi
a guardare dall'alto e a vederti parlare
a vederti comportare con gli altri

Allora avrai capito il senso dei nostri giorni
il tempo che ci è dato da vivere
il modo con cui lo viviamo
che è appunto il senso ultimo
del nostro vivere e del dover un domani
renderne conto al Padre Eterno.

Roma, 29 gennaio 2007

LA MIA PITTURA

Nero di Marte, nero di vite, nero d'avorio
rosso di cadmio
giallo limone
bianco, bianco, bianco
Tela neutra che nasce e non era prima
ora la vedo, è il mio pensiero, la mia vita
non linee ma aree di emozione
ma perché no, anche i zig zag della follia
quando un faro diurno illumina il mio desiderio
che non ha voce nel mio amore infranto
I volti di allora sono nei giorni di oggi
sono ancora loro, li vedo da lontanissimo
ma prepotente emerge la mia sacerdotessa
dall'oblio degli anni e dei destini
ella ritorna a me, dopo aver impresso le mie tele
Ma i volti non sono finiti
vorrei aggiungere Gianna e le sue canzoni
e chissà quant'altri dopo Pier Paolo
Una fila di auto in una strada di New York
anni '20 forse, ma sembra oggi sul cavalletto
Sembrano ricordare di quei destini lontani
gente che è stata in un arcobaleno di vite
ed oggi non è più se non nel ricordo
Ma come è questa storia della Terra
che si vive profondamente e poi non si è più?
Ci sarà un altrove e un recupero di tutte le vite
un'eternità che ci soccorra e ci guarisca
Lo spero e lo grido nell'arte
ove desidero esprimere il mio tormento
il mio desiderio e la mia emozione
in un canestro di idee mature

di cui possiedo l'inesauribile fonte fresca
e la storia ed il tempo sono tutti qui

Roma, 1 febbraio 2007

CANZONE

Ci siamo amati come nessuno
Una pagina nel libro d'amore
L'infinito a tutte le ore
Quando a capirci era nessuno
Quando a sentirci era solo il mare.

Ed ora pagliaccio vattene via
Non vedi che nessuno ti vuole parlare
I giorni dell'amore sono lontani
Ed un volto da accarezzare

Era lei, era lei, era lei
Nel suo campo da coltivare
Pane fresco e acqua pulita
Erano i giorni per ricominciare

Nananana naanaana
Nanana
Chitarra elettrica

Oggi non valgon più le parole
Non è di casa la tua tenerezza
Strade da camminarci per ore
Profumo che si dissolve nell'aria

Ed ora pagliaccio vattene via
Non vedi che non vale più il tuo amore
I giorni dell'amore sono lontani
Ed un volto da accarezzare

Era lei, era lei, era lei
Labbra rosse e cuore da amare
Oggi che la sua rabbia ti uccide
Oggi che la strada non è più pulita

Nanana nana nanananana
nanananana
Chitarra elettrica

Era lei.

Roma, 11 giugno 2007

LA MUSICA È VITA

Senza la musica non potrei vivere
non potrei colmare il vuoto che hai lasciato tu
Quello stesso vuoto che non sono stato capace
di riempire con il sorriso di una donna
quel sorriso che ti dà luce e vita
quella gioia che ti fa star bene, sereno
consapevole che ce l'hai fatta nel cammino
che non sei solo, mai più solo
quando il suo sorriso ti conforta
quel sorriso che non c'è più stato
E ho dato il mio tempo, i miei istanti
al lavoro disperato,
volando sugli oceani della creazione e del sogno
per non pensare, per non capire
Ma poi basta una bella canzone
e ti rendi conto che manca qualcosa,
di più: che è mancata
senza pietà o speranza, senza interesse o perdono
Ma dai lontani paesi dell'ombra
nei meandri dell'inconosciuto che si fa parola
ecco una voce delicata, un suono vero
che mi obbliga a rompere la certezza
e ad alzare gli occhi stanchi
perché non davanti a me
ma sopra di me
dove si combattono battaglie immani
guerre di odio e di amore
c'è la luce tanto attesa e mai giunta qui

Vicino a me non c'è nessuno, sono solo
Fuori il sole comincia a ruggire
"Perché non vai al mare?", ma da solo?
Sono una bella compagnia, lo so
Ora i miei occhi guardano intorno

nella stanza sempre uguale
e solo i miei colori, i miei quadri la allietano
Parlano di una vita, di un'anima che cercava
e non trovava
di amici impegnati, di parenti lontani
E nel silenzio, nella solitudine
qualcosa mutò e non fu pazzia
bensì qualcuno giunse da lontano
e si mostrò a me
parlando alla mia mente, al mio cuore
"Non sei mai stato solo", eccoli lì
e li puoi vedere anche tu, nelle mie fotografie.

Ma un subitaneo abbraccio
vorrei infondere a tante persone
ai volti della speranza che mai furono vita

Potrei dir loro che il loro lavoro non fu inutile
perché c'è chi ricorda, chi ripercorre e ama
Vite consumate dal tempo
destini a volte tragici, a volte felici
Che gioia trovarvisi dentro
vivere nei loro luoghi, vivere dei loro luoghi e anni
rivedere, tornare indietro con la mente e lo spirito
per rivedere, per essere lì in quei momenti
E che gioia fu l'abbraccio di Romina
e con lei vi abbracciai tutte e tutti
e fu tutto ma fu poco.

Ebbene, se tutto fu senza che nulla realmente
fosse
oggi lavoro, lo giuro, perché tutto sia
anche se non è mai stato.

Roma, 17 luglio 2007

PER SEMPRE

Voce di donna
mi parla lenta
canto di cose sconosciute
visione di cose gradevoli
immagini dalle alture dello Spirito
Quale nel bosco addentratomi
non so più dove sono
così io in questa misteriosa selva
a volte dolorose minacce
a volte il futuro svelato
a volte amorevoli consigli
E son donne e son uomini
ma da dove? Da lassù e da altrove
O è il perdersi nel pozzo senza fine
di allucinati e chiusi destini
e risalire alla luce, al fine, per sempre

Roma, 29 ottobre 2007

IN QUESTE STANZE – (ALLA DEA MADRE)

Quale è mente umana
che riemerge dall'oblio della dimenticanza
e trova cosa oscurata
e ora finalmente evidente
alla luce della consapevolezza
così io al capire d'improvviso
che non sono solo, non lo sono mai stato
È il percepire la Dea Madre
che mi veglia e mi consola
mi guida e mi consiglia
Sempre accanto a me
nella mia imperfezione umana
nella mia piccolezza come nelle mie grandezze
nei disastri e nei tormenti della vita
come nei successi e nei trionfi
Ed è per questo, oh Dea Madre,
che con queste mie povere righe
io desidero ora ringraziarti
per l'eternità

Roma, 29 ottobre 2007

COS'È VITA?

Quale volo d'uccelli
su fortezza del Nord Italia
mentre il Tevere scorre sicuro
e alimenta il mio dubbio sulla vita
e vita pare corsa di treno veloce
senza stazione, verso il precipizio
della brutalità umana o è inganno.
Così cerco la verità io.
Ma cos'è vita?
È cammino di uomini e donne
in una giornata pura di primavera
piena di sogni e di speranze
affinché gioia e felicità per tutti
quando però realtà langue.
Donna è mamma da sempre
così si realizza, e oggi lavora
ed è perfino in carriera
ma donna è già arrivata in cima
la più alta cima del mondo tutto
essendo divenuta madre di Dio
mentre uomo profeta, genio, artista
e che più?
Ma tutto intorno è realtà di morti
ammazzati sul palcoscenico della vita
nei posti di lavoro o dove non ti aspetti
Perché bisogna fare un passo indietro
e capire che qualcosa non va
e trovare la via giusta
per impedire i martiri di oggi
e per consegnare ai figli, giusti
un domani di certezze
e non di angosciose promesse evase.
Realtà è scontro di idee opposte
è frammento di vetro colorato

che puoi inserire nel mosaico del re.
Il re che sei tu, per la tua vita.

E colore è vita, scegli il più bello
quello che è per te
e tutto sarà.

Roma, 23 novembre 2007

FINE

Aurelio Nicolazzo

Notti di note

Poesie 2009-2013

Prefazione "Notti di note"

La poesia è stato il mio primo impegno quando ero un ragazzino, come dimostra la raccolta "Immagini Essenziali" che risale alla mia prima gioventù. Ho sempre continuato a scrivere poesie per esprimere il mio animo, inizialmente triste e crepuscolare a causa della mia condizione umana, poi sempre più cosciente e maturo, più addentrato in una fusione formale fra la pittura e la poesia, non solo, ma anche fra pittura, poesia e cinema. In tutto ciò la musica ha avuto un ruolo fondamentale, come lo hanno avuto per esempio i documentari vissuti con interesse, il cinema italiano e la vita vissuta. Questa nuova raccolta riunisce le nuove poesie scritte nelle mie notti insonni, quando il silenzio crea quella città ideale della fantasia e della coscienza, dell'amore e della preghiera, che consente di far emergere il meglio di me e del vissuto in me. Il mio vissuto è di apparente 'figlio di papà' ma senza averne visto i vantaggi almeno una volta, quindi di un esploratore che va incontro alla vita con fiducia, incontrando i veri significati del vivere che spesso sono incarnati dai poveri e dai malati, da coloro che non ce la fanno a vivere in un'Italia sempre più spietata nell'imporre un nuovo credo, che si basa sul binomio denaro-politica e non su quello amore-aiuto reciproco. Naturalmente non mi permetto di fare politica, però desidero indicare a chi la fa una direzione di lavoro, che sia utile a tutti e non solo al proprio tornaconto personale. Insomma speriamo bene. Consegno a Voi, cari e affezionati lettori, queste mie note poetiche, sperando di incontrare il Vostro consenso e piacere e, nel contempo, di dare nuova vita alla poesia, affinché rimanga, insieme ai poeti, la più alta espressione dell'animo umano.

L'autore

SÌ, MA

Vuoto aereo in volo sopra noi
mi apro alle certezze comunque siano
le vedo, le tocco, si avvicinano sicure.
Quando desidero volare, viaggiare con l'aereo
subito mi ritraggo timoroso, penso al treno
migliore possibilità, più sicuro, ma quanto?
Così quando c'è lei di fronte a me
ad un passo, a portata di dito, di carezza,
mi avvicino subito, ma vedo che non è aria
e allora ci rinuncio intristito
meglio una puttana, ma quanto?

Se voglio andare nella casa in collina
a vivere felice la mia dimensione personale
subito mi rendo conto che è inverno
e lì non si può andare così facilmente:
metri di neve, riscaldamento insufficiente
nessun dottore. E ci rinuncio.
Meglio qui, ma quanto?

Ed è per questo che dipingo tutti i miei sogni
che gioco con i colori per essere me stesso,
davvero
e amo i quadri degli altri pittori
e sono in mostra e sono conosciuto, oggi
ma non si vendono quadri, ormai
allora preferisco mettermi a scrivere
a tradurre in parole ciò che va detto
Per essere sani. Meglio sì, ma quanto?

Allora siediti accanto a me dimmi ora
quanto vale la pena vivere oggi

ma ancora di più dimmi se il mio lavoro
in qualsiasi misura, ti abbia emozionato o no

Roma, 15 novembre 2009

WAR IS OVER

Oggi mi sono svegliato presto
di prima mattina
e ho acceso la radio
gesto ormai dimenticato
nella società di internet
e del digitale.
Subito lo speaker ha dato l'annuncio
dopo un breve stacco musicale
una nuova sigla del radiogiornale.
Egli ha detto, tutto emozionato
proprio questo: «La guerra è finita!».
Subito la città si è rivestita di colori
la gente è scesa per le strade
a festeggiare, a ballare, a cantare
in attesa del rientro dei soldati dal fronte.
Già il Governo sta pensando a nuovi lavori
in cambio del soldato
le armi saranno messe nei musei
a ricordo dei tempi andati, violenti.
Le altre saranno distrutte, smantellate
Tutto ciò si può realizzare
tutto questo potrà arrivare
ognuno dovrà rinunciare a un po' di pretese
ognuno avrà comunque il minimo di vita
nessuno sarà abbandonato a se stesso
e le donne lasceranno gli uffici e le cattedre
per venire a farci l'amore, come un tempo.
Non si dimenticheranno più.
Tutto ciò si può realizzare
tutto ciò potrà arrivare
ognuno dovrà rinunciare a un po' di pretese
ognuno avrà comunque il minimo di vita.
I politici si riappacificheranno
non ci saranno più vittime né martiri.

La burocrazia sarà ridotta al minimo
niente file, tutto da casa:
il cittadino è un uomo vero.
E anche i prezzi scenderanno
e ognuno potrà vendere liberamente
tutto ciò che vorrà
persino le tasse saranno volontarie
e chi più darà, meglio starà.
Tutto ciò si può realizzare
tutto ciò potrà arrivare
ognuno dovrà rinunciare a un po' di pretese
ognuno avrà comunque il minimo di vita.
Mai più morti ammazzati
sulle strade, al lavoro, in prima linea
nessuno vorrà suicidarsi
la cultura rifiorirà.
E ogni pittore sarà certo di vendere
almeno la metà di tutte le sue opere.
I poeti riceveranno incarichi statali
e potranno dirci le verità
potranno declamare in televisione
in prima serata o in programmi ad hoc.
Anche gli animali staranno bene
in larghissimi campi con confortevoli casette
e ognuno farà il possibile per loro
non soffriranno più.
Anche i negozianti abbasseranno i prezzi
e avranno la loro clientela ampia e fissa
Avranno meno oneri da affrontare
potranno sopravvivere bene
Tutto ciò si può realizzare
tutto ciò potrà arrivare
ognuno dovrà rinunciare a un po' di pretese
ognuno avrà comunque il minimo di vita.
Allora speriamo e viviamo
viviamo e cerchiamo

cerchiamo e sappiamo.
Perché non è l'azione vuota
che risolve
né la meditazione continua
bensì l'amore.

Roma, 15 novembre 2009

A CRIS

Cristel, sei una rosa che inizia ad aprirsi,
una rosa rossa, una rosa bianca,
pura e calda dell'amore che vorrei darti.
Un giorno, lontano,
riderai felice dei giorni di gioventù,
quando tutto prendeva inizio.
Ma il tuo inizio, leggiadro e celestiale,
ricco di conforto per chi è nel bisogno,
pieno di accenti per chi ti ascolta in musica,
non è un inizio qualsiasi.
Sono certo, sicuro, lo difendo con la spada tratta,
che tu sia grande davvero.
Ma è una grandezza fatta di umiltà certa
e di abbandono meraviglioso
alle atmosfere della tua terra,
la terra dell'amore.
Coltiva serena i fiori dell'amore,
giungi nei luoghi dello spirito,
luoghi immensi, luoghi semplici.
E ti prego, non ti dimenticare di me...
tuo Aurelio

Roma, 1 gennaio 2011

A JANIS

Oh Janis
io non ti conoscevo
non ho saputo per lunghi anni di te.
Come ho potuto vivere nell'oblio
di una tale stella ardente di virtù artistica?
Tu sei un faro che brilla di lontano
mentre la mia nave cerca di avvicinarsi alla costa
ma la legge del tempo non consente
e la nave mia deve andare oltre
lontano dalla tua luce
che brilla fino al '70 maledetto.
Ora che ti ho capita, ora che so bene di te
non potrò rinunciare a te, ormai.
Capelli lunghi e mossi
ribelli e puri allo stesso modo
occhi che sanno, che capiscono
che sono concentrati o che mi parlano
occhi profondi e misteriosi come il petrolio
ma liberi di dire, di comunicare.
Viso di fiaba, che sa cambiare come le stagioni
come una giornata di pioggia si tramuta in sole.
Il tuo corpo parla, dice la libertà
dice l'amore e la gioia:
balla, muoviti, vivi, mia dolce Janis
canta tutto il tuo tormento
intona tutto il tuo dolore
e che si tramutino in felicità davvero per te.
Un sogno spezzato, è vero, come altri
ma tu sei stata grande, ora lo so.
E la mia nave va, allora
verso un porto vicino
in cui io posso scendere a terra
sicuro e felice
perché tu sei lì che mi accogli eccitata.

Siamo seduti su un prato di amore
incontaminato e incontaminabile
su cui tu mi parli di me e mi sorprendi
e io parlo di te e tu approvi.
Allora qui ti dico «Grazie Janis»
perché eri perduta e sei ritrovata
eri assente e oggi io capisco la mia vita.
Ho un'amica dei '60 variopinti
tu che sei dolce come un gelato misto
fatto di note e di colori
di magia e di libertà.
Dunque non andare troppo lontano, Janis
parlami ogni volta che potrai
rendi gioiosi i miei attimi di solitudine
rimani con me mia dolce amica
ma segui il tuo cammino
verso la luce eterna.
Io sono con te!

Roma, 16 aprile 2011 ore 2:03

È TEMPO DI INIZIARE

Era il giorno del sole splendente
l'erba profumava di fresco e di rugiada
tutto era puro, incontaminato
Il fiume scorreva tranquillo
non plastica o sostanze nere
lo uccidevano ancora
e con lui i suoi abitanti pesci
no.
Nelle mie orecchie canti di gioia
di voglia di vivere la giovinezza
mentre mitraglia e divisa
erano lì a chiamare suadenti
e dietro loro, morte e pazzia.
Ho sognato libertà
è venuta solo la morte
che tutto ha inghiottito
convinta di sé.
Lampo nel cielo
non più musica
magari irlandese
e nero ovunque.
Tuono possente
non più i vivaci colori
no.
Terremoto ovunque
non più corpi nudi liberi
che danzano felici
sulle note della gioia
nemmeno.
Guerra frontale armata
e niente pietà
niente stima
no amore
niente.

C'è bisogno di un luogo
c'è bisogno di una situazione
c'è bisogno di una speranza
c'è bisogno di garanzie
ma il nulla vince per se stesso
mostrando le sue credenziali
che sono maschera a festa
solo per se.
Tutto crolla intorno a noi
mentre ci sarebbe bisogno di costruire
di iniziare
per mutare tormento in gioia
nulla in ricordi belli
sconfitta in vittoria
isolamento in condivisione
di una verità che non è accolta
la verità che è taciuta dalla maschera vincente
che tutti lodano e apprezzano
mentre viene a mancare loro
la terra sotto i piedi
e nemmeno se ne accorgono.
Damerini isterici urlanti contro i giusti
per garantirsi il primo posto
a loro danno
e questo è metodo e misura
ma la misura è colmata proprio da questo
Il boccale sta per traboccare
non c'è più spazio nel bicchiere giallo
non c'è più una parete libera per un quadro
non un modo per vendere musica
né per stare vicini in verità
perché menzogna è sempre vestita.
Nera piramide egizia sul mobile
guardi verso Nord e mi proteggi
tramuti il nero in vivaci colori
il silenzio in note meravigliose

vestiti meravigliosi in biancheria erotica
mentre un bicchiere d'acqua pura ci salverà ...
Forse è la fine, ma è tempo di iniziare.

Roma, 16 aprile 2011 ore 1:42

SCHEGGE IMPAZZITE

Immagini scolorite alla mente mia
prima ancora che al ricordo
schegge impazzite della memoria
che pur ci sono malgrado ciliegi e ontani
in un'alba cinguettante e tiepida
speranza dentro di me oggi.
Ruote veloci di girotondi
di fanciulle venete di bianco vestite
e canti di gioia, inni alla vita che è nata
e spera nel domani italico.
Bimbi che corrono veloci
e che simulano sogni miei americani
piuttosto che guidare biciclette
e una finta automobile a pedali
piuttosto che uscire coi genitori.
Automobile viaggia per le campagne silenti
ed è il Nord orgoglioso e fiero
ed è il Centro per andare ad Ostia
una volta tanto ma forse mai più.
Tormento di voci, di colori non dipinti
di immagini che non nascono alla tela
pur volendo intensamente.
Casa, bianca, lontana e amata
croce immane da trasportare
su larghe spalle frustate
e proiettili e frecce
agonia di un popolo
Paese che anela rinascere ma non può
tra parrocchie ripide e rapide
tra campanili incerti se crollare oppure no
fra uno scherno e una cattiveria
senza perdono o coscienza.
Crollò un palazzo al Prenestino
bimbi superstiti riempiti di regali dal parroco

lo stesso che mi salutò per sempre
con il dono di una madonnina perpetuamente
accesa
come il mio amore per Lei.
Non so giudicare, so solo perdonare
e perdonando riscopro la storia dell'Italia
che mi fa fascista pur non essendolo
che mi fa partigiano pur non essendolo stato
che mi fa credente pur non praticando
eppure è vero, è così.
Sciolgo le mie calde lacrime
al ricordo di un sorriso felice
con me per una volta
e tante volte senza
come martello che picchia duro
su chiodi grossi e pesanti
per entrare in una tavola spessa
che non vuole.
Volo di aironi cenerini ma uno guarda indietro
sa che deve andare eppure vorrebbe tornare
tornare dove sa che c'è il suo amore
quello vero dell'anima e del corpo intrecciati
e non un futuro purché sia.
Lento l'Aniene scorre indifferente
non vuol quasi farsi notare
ma entra sicuro dentro il grande Tevere
rilasciando magia ed energie cosmiche
ineguali e insuperate
che rendono magico me e te e chissà.
Non voglio dormire questa notte,
sento il Friuli mio e di Pier Paolo
ricolmo di alberi e di neve
e di ricordi di un padre in divisa
come per lui, anche per me.
Non posso dormire questa notte
quando una bionda irrequieta

si dimentica di me
quando una bruna ormai tinta
non ha tempo per me.
Acqua che scorre per il bicchiere
e lo riempie e lo svuota
e per sempre continua
inutilmente e senza memoria
così io al risveglio mattutino
quando ho evitato il dolore
di un mattino inutile e indifeso.
Benedizione sul mio capo
rendimi sempre migliore
e consenti che il mio pallottoliere
possa contare gioia a gioia
come un vero rosario di ave Maria
snocciolate nella pace come nel dolore
nel tormento come nella gioia.
Note di un canto antico
lampada che non dà luce
immagini, voci e suoni
del passato divisi in schegge appuntite
che stanotte tenterò di incollare
per dare un nome al domani.

Roma, 29 aprile 2012 ore 2:57

IL TUNNEL

Vivo l'oggi più di ieri
ma non trovo il bandolo della matassa.
Mi chiedo da dove vengo, dove vado?
C'è dunque una meta al mio inutile vagare
oppure nessun domani sarà mai certo?
So che dalla destra mano io provengo
da bianche cattedrali addobbate a festa
con acqua benedetta e portali chiusi a chiave
quando la chiave mi spetta e invece è gettata a
mare.
Sento di aver portato a successo il compito
dal cielo assegnatomi ma ho dimenticato me
stesso.
Non posso dormire, non devo
quando il mio sé reclama meno super-io
e una benefica pioggia di acqua magica
schizzata dalla sinistra mano
proprio per rendermi felice finalmente
in modo che i gabbiani non mi critichino più
quando volano su di me in cima alla casa del
tempo passato.
Non odo più clamori di trionfo
non vedo più paesaggi a festa
ma una mora sacerdotessa che sa di me
e mi implora di tornare a lei e al suo trono
che è di questa terra e non del cielo
che è di potenza umana e non di volo d'angeli.
E io non aspetto altro che compenetrarmi in lei
per sentirmi parte dell'oscurità e della gioia
per dare adito e sfogo al mio potere
finalmente per me stesso e mai più per nulla.
Forse è il tempo dell'osare
forse devo percorrere cammini dannati
per sfogare il dolore immane custodito in me

per poi riuscire a nuova vita
solo dopo che il compito sarà svolto
tutto e fino in fondo.
Custodirò il mio segreto
sarò inviato dal dolore nell'oltre
possiederò la nera sacerdotessa del tempio magico
e conoscerò giorni di pace interiore
prima che sia troppo tardi e già lo è.
E tu Principe del Cielo sii magnanimo
abbi pietà di noi
e aspettaci sempre con la tavola imbandita
perché noi non siamo quelli che ti abbandonarono
ma siamo quelli che ritornarono a te.
Sacerdotessa delle Tenebre, apri dunque il portale
alla mia venuta e stiamo un po' insieme
per cambiare questo mondo
affinché i nostri destini siano felici e non più dannati
e il domani non sia più nulla più.

Roma, 30 gennaio 2013 ore 4:53

MEDITAR PLACIDO E LENTO

Trito meriggiare invano
la mente vaga ora qua or là
non trova quiete oramai.
Colpi, tonfi, aspre frustate
il potere di oggi e di ieri colpisce
non ha pietà del male
non aiuta, non consola, non risolve.
La televisione mi urla in faccia
devo spegnere ma cosa farò?
Io lo so, non dormirò più
lancerò lo sguardo lontano
ove il cielo si giunta con il mare
ove l'amore vicino mi obbliga a sperare.
Grande Spirito immortale
tutto crea e tutto riporta a Sé.
Leggiadre fanciulle in abiti antichi
a piedi nudi danzano per me
e non sarei io per loro
ma loro forse sì.
Mettere un cappello sulla "i"
oltrepassare il rivo del domani eterno
o vederlo fare da tanti altri
destino comune della vita.
Tornare indietro, capire
raggiungere la pace, dentro e fuori
respirar con calma, con lenta maestria
di spiriti indiani che hanno insegnato.
Rimaner fermo, allungato
guardare il buio e vedere oltre
mentre ritma il tamburo scaltro
mentre mille violini innalzano ghirigori ardenti.
Vedo una luce ampia che si muove
si snoda, divampa, si eclissa veloce
ed ecco altri volti, altri corpi

immagini di vita futura
echi di ritmata poesia
dimore antiche, moderne possibilità.
No, il muro non può innalzarsi in eterno
lo sguardo deve passare, deve capire
cosa nasconde l'oblio e la dimenticanza
perché e dove siamo.
Solo questo importa:
trasformar l'ansimar nel terrore
in calmo e placido respiro di eterna pace.
Per non dimenticare, per vivere ancora.

Roma, 4 dicembre 2014, ore 00:45

MISTERO

Mi muovo fra ripetute analisi mediche
la mia pazienza è come un violino rotto
che giammai più suonerà.
C'è chi tutto ha subito
c'è chi deve dimostrare l'ovvio.
Scrivere, batter a macchina su moderno computer
pensando che non uso più la penna ad inchiostro
che tanto usai nel ricordo andato.
Una mostra è riuscita benissimo
due nuovi quadri sono nati dal nulla
procedo tranquillo e sicuro
ed è poesia, ed è pittura
quando un vecchio disco va e suona
le melodie dell'anima immortale
quando un disco vola vicino a me
e nessuno crede, e nessuno più spera.
Bellissima donna che ragazza fu
capelli scuri mossi ricci
occhi greci come quelli di mia mamma
che cantò la verità ma non poté raccontarla.
Corro bambino sul verde campo in Veneto
corro ragazzo sulla pista di corsa vincendo
corro ragazzo sui campi di calcio
segnando ogni volta di più
corro adulto ormai per attraversare la strada grigia
e qualcuno si chiede: «Ma quanto corre veloce
quello?».
Correre senza freni, correre ancora nell'anima
quando il vento ti accarezza convinto
quando nulla può fermarmi.
Eppur si cade, ogni volta di più
ogni volta una mano pietosa ti soccorre
e non c'è rimedio.
Il pennello è fermo lì, sulla verde scrivania

mi guarda e mi attende ma io lo evito sicuro.
E lui sa che, malgrado ciò, il suo momento verrà
e per questo mi è fedele e mi ama.
I quadri sono come figli
il loro andare è vita e candore
seppur rimangono, li tengo stretti a me.
Dolce fanciulla di cui non avevo coscienza
non mi sorridi ma mi spalanchi un ampio baratro
di verità e amore grande
di silenzi e amore perduto
Io ti ascolto con dovuta armonia
leggo nei tuoi occhi la verità che ti giunta a me
capisco che ciò che dici è cosa grande
meraviglia per ogni giusto padre
nulla per ogni madre lontana.
Allora vorrei dirti, vorrei fare
anche se è tardi, non lo è mai troppo.
Svegliarsi prima la mattina
per correre a cercarti
per non trovarti
per attenderti altrove.
Oh sì Spirito Immortale,
fai che tutto ciò accada per me.
E tu fanciulla madre
che in una notte di terrore e morte
venisti a trovarmi, a consolarmi
quando tutto era campo minato
quando distruzione fermentava ovunque
sappi che hai tutta la mia fede e il mio amore
la mia riconoscenza eterna.
Candele accese dalla lunga fiamma
incensi di sandalo vanno in sottofondo
musica trascendentale
s'alterna a mantra antichi e nuovi
cristalli limpidi dai mille colori
sopra i miei chakra

per meglio meditare
e il mistero riapre la sua ultima porta
e io oltrepasso la soglia dell'oltre
ancora una volta
e una volta ancora.

Roma, 4 dicembre 2014, ore 1:15

VENGO DA TE

Al tramonto di mia gioventù
mi inerpicai per antica amena contrada
Vita, amore, qualcosa che non c'è
e forse mai è stato
Antica maestà tramutata
in tranquilla giornata
La via di un santo
i due bar dell'amore
Ragazza adulta
bellezza unica
sguardo consapevole
non di chi soccombe
ma di chi lotta e vince
Appena il tempo di conoscerti
e subito il male mi prese
Superato il male di vivere
ecco il dolore di malattia
Ma il dolore più forte
è sempre stato nel mio cuore
di guerriero ferito e mai vinto
di atleta fantastico
di un'anima triste
in un corpo meraviglioso
Leggesti tu tutto ciò nei miei occhi
persi e ansiosi di conoscere
e io capii di aver trovato fine
al mio tormentoso cercare
Amicizia e giornate serene
una parola, uno sguardo, un sorriso
mentre in tv i fatti della vita
si succedevano veloci
disegnando la storia
Ma la vita è anche di persone care
che un giorno ci lasciano

e rimaniamo soli
nel ricordo che fa sgorgare lacrime
ma nella gioia dei nostri figli
Forse è tutto sbagliato
dovevamo rimanere nei nostri paesi
Forse è tutto giusto
anche se non lo sappiamo bene
Di certo anche oggi il sole tramonta
sopra quello stretto ponte
che unisce la mia vita alla vostra
sorvegliato dalla santa
che ha visto tutto
e per sempre ci proteggerà
Balla dunque, meraviglia del creato
col tuo principe forte
e tutto il mio cuore

Roma, 17 febbraio 2015, ore 11:57 (di giorno ma con la tenebra del mal di denti)

OGGI DOMANI E SEMPRE

Non cerco di rimontare il lento pendio del domani
riarso
perché la dea solinga di marmo comincia a lanciare
acqua
fresca, dissetante, delicata, umana, di oggi
Non cerco antichi sesterzi in bauli di legno e
metallo
immersi nella terra del passato immane
perché non è la ricchezza, non è la gioia
Non voglio annegare nell'immenso lago che non c'è più
ma che poi è tornato a far vanto di sé, onesto,
leale
Non desidero ammainare la bandiera rossa e verde
della vittoria sperata
del mio inutile oblio, delle fiere di paese
inondate da decine di speranze mosse dal vento
dell'illuso io.
Cammino, passo dopo passo, cercando un punto
focale là davanti
che anche lei mi indicò sicura ma persa nei suoi
tormenti sepolti
Un luogo del risveglio e della sintesi, delle nuvole
e della luce
per perdermi veramente, senza coscienza né
ragione
e lo trovo nel sogno della notte
quando il mio corpo giace vinto e impotente
e lo spirito si innalza e mi parla ad un orecchio
mi persuade che la strada non è persa
che si ritorna a casa finalmente.
Marmo bianco scolpito da strumenti metallici
nuvole in mille forme diverse e logiche, mutanti
Rete che ancora non ha preso pesci e mai ne
prenderà

ma basta gettarla dalla parte opposta della barca
quando nessuno me lo dice e non ci arrivo.
Giorni di carte colorate, con segni e figure arcane
che spalancano dimore antiche con giardini vasti e
colorati
di pesci rossi e di certezze afferrate nel vento
Un pennello fermo e asciutto, la tela bianca sul
cavalletto
straordinaria cosa per me che ne ho riempite tante
Quando dunque l'orologio con la sua lancetta dritta
mi indica la direzione del giaciglio felice
allora torno a sperare quelle situazioni felici
che solo la vita può regalare
oggi domani e sempre.
Allora torno a sperare, spengo questo computer
suadente
e mi affido alle braccia di lei che sa confortarmi
ogni notte
col suo materno e lucente manto
lei che sa di me, lei che sa cosa faccio
lei che sa cosa voglio
lei che non mancherà mai.
Spengo la luce sul comodino
e affido al cielo il mio spirito.
Il resto, la certezza, a domani.

Roma, 11 novembre 2015, ore 1:17

IO SO CHE PROVERÒ

È inverno ma non sembra
la pioggia giunge come elemosina del cielo
i passeri sono affamati
non basta il cibo che do loro ogni giorno.
Freddo, caldo, cemento, muri, cielo
io non mi muovo, io sto fermo
e la mente, lo sguardo vola leggero
verso il mare.
Se lo guardo oggi, mi riempie gli occhi
e il cuore di gioia
anche se un domani non ci sarà più.
La spiaggia ben si abbina al colore del mare
e io mi avvicino al bagnasciuga
vedo qualcosa lì per terra:
sono dei corpi, bambini
uomini, donne
tutti morti in mare
nella disperata fuga
dal male nero e spietato
la guerra senza tempo degli uomini.
Non ci posso credere
non sapevano nuotare...
Freddo, caldo, cemento, muri, cielo
l'anima si richiude in se stessa
si dispera impotente
un lugubre manto di ostinata pazzia
impedisce, blocca, ruggisce
meglio andar via...
Lo dico: ho provato, ho persino urlato
l'ho detto prima
ma non è servito.
Come ruscello avvelenato dalla stella di assenzio
caduta da un cielo ormai altrove
che proceda lento verso chi non sa

e si disseta alle sue putride acque
così noi tutti cerchiamo amore e aiuto
da chi invece sa darci soltanto
una serpe errabonda e pericolosa.
Freddo, caldo, cemento, muri, cielo
sento che non servirà come non è servito
proverò con l'aquilone colorato
che volteggia sereno nell'inconsapevole brina
mattutina
di un'epoca che non c'è più
quando tutto era bello e possibile
ma io non mi chiamavo consapevolezza.
Un anno se ne è andato: cinquanta e cinquanta
come sempre, come tutto
un altro anno è già arrivato
bisesto, di Venerdì iniziato e con il numero '6'.
Che vogliamo attenderci dunque?
Io so che proverò, io so che ce la farò.

Roma, 4 gennaio 2016, ore 00:53

UNA LUCE

È buio pesto, in inverno, di pomeriggio
Sorvolo con la mente profezie oscure
e bussano al mio inconscio trafitto
quale viandante stanco al monastero
Tre giorni di buio profondo
totale, inatteso, ingestibile
dunque verranno
Perduto sarà chi una candela non avrà
e chi guarderà fuori dalla finestra
vedrà spettacolo orribile:
uomini che si scannano a vicenda,
colpi di arma, fuoco che inonda
e tutto brucia intorno
oggetti volanti sconosciuti
nel cielo della città, lugubre
con le loro luci sembrano indicare la via
la salvezza umana
Dov'è dunque Dio?
Dove sono le autorità?
E la Chiesa perché tace e ammette?
Non frati soccorritori
non suore coadiuvanti
non persone, soltanto cadaveri
Ma ecco che la luce ritorna
ad illuminare tale subbuglio immane
e tanti non ci sono più
pochi ringraziano Dio di averli risparmiati
ma che è rimasto per loro?
Dunque ricostruire
costruire ogni giorno di più
un lavoro, una speranza, una luce
che illumini, questa sì,

non soltanto la vita dei giorni
ma anche la nostra anima.

Roma, 4 gennaio 2016, ore 14:53, ma che buio però ...

DOMANDA

La mente guarda
non so essere miope come sono
il lago è lì che mi attende
da quella mattina felice
di vita intera e vera
Non fui colpito dal killer del nulla
svoltai davvero e c'era lei
in quell'abito turchino
che sorrideva
Non è possibile
così infelice io
e in un battito di ciglia
ecco tutto si trasfigura
Sembra la svolta di oggi
e invece fu soltanto un sogno di cristallo
che si frantumò al calar del sole
quando si alza ancora ma non dà luce
un sole nero di entropia
che tutto assorbe, anche la vita mia
anche i miei sogni semplici
che ci voleva più fatica a negare
che a donare
che è facile dire no, non vi è sforzo
Eppure la barca avanza lenta
un po' per gioco, un po' per davvero
e mi perdo a guardarla, magari da lontano
che il suo tempo nel vento
è il mio tempo senza guardare lei.
E seguo le orme del destino
le calpesto sicuro
per un cammino incerto
che non si sa se si arresterà
alla stazione dei dieci anni futuri
oppure proseguirà nel tormento

di una vita amara e tagliente
come un gemito al buio.
Eppure il tempo scorre veloce
e non so fare tutto in tempo
attendo soltanto la pioggia
mi immergo nell'infinito
mentre le note si susseguono strabilianti
mentre le vedo cantare
quando anche loro caddero al suolo
come un piatto di coccio in mille pezzi
utile finché intero
da gettare se spaccato
Così io salgo sul mio scoglio
quale lontra con fatica e impaccio
e canto alla Luna della notte
quale lupo solitario del bosco immenso
e il beffardo malanimo
si aggira intorno e tutto vuole
per colpire duro sulla testa
e non si ferma, non retrocede
e lontane sere e mille armonie di note
che dal piano bar all'orchestra dei sogni
si inseguono dolci
Ventisette fu il capolinea per molti
ma han potuto dirlo, han potuto amarci
con tutto il loro impegno
e la loro gioventù
Ma ventisette anche per me
non tardò, anche se sarà sessanta
o novanta, chissà.
Da ultima solo una domanda:
ce la farò?

Roma, 19 febbraio 2016

MINUETTO DEL SETTE

Reticolati, muri, ostacoli
son io un migrante?
Occhi vuoti, chiedono aiuto
mani tese per una colazione al bar
pelle diversa, stessi desideri
da loro realizzati sicuro
da me mai, oddio

Reticolati, muri, ostacoli
genti diverse in fila per la vita
accogliamoli certo insieme
un pericolo li fa fuggire
una distruzione grande
una morte malefica
ma perché non risolvere?

Reticolati, muri, ostacoli
dentro me e sopra me
pago se sbaglio a cibarmi
muoio se non mi curo
cado se non spero
E tu dov'eri?
Lontano nel tempo e nello spazio

Reticolati, muri, ostacoli
un regime persecutorio impedisce
la voce sua urla da lassù
non dobbiamo cedere
cercare, trovare, perdere
e ritrovare ma non quaggiù
Il canto del passero saziato

Reticolati, muri, ostacoli
quando sono dentro

quando non ce la faccio
odo urli di paura nella via
ho ascoltato chiamare un nome lontano
mi sono perso nella ricerca
mi sono trovato nel sentiero

Reticolati, muri, ostacoli
quando mi spetta e non me lo danno
quando è giusto e non accade
quando perdo e quando poi vinco
quando finalmente capiscono
quando tornano a dubitare
e la paura fa novanta

Reticolati, muri, ostacoli
abbattiamoli nella ricerca
oltrepassiamoli con musica e arte
esprimiamoci davvero come sappiamo
Non vincerà certamente
e ce l'avremo fatta
Esami superati e altro ancora

Roma, 19 febbraio 2016

LA VERITÀ VINCE SEMPRE

Solcare con il pensiero ansioso
traiettorie oscure di verità
che non si vedono
Cercare, capire ma non vedere
non poter fare il punto
dover rimandare, sperare
Oltrepasso con la matita una parte di me
la rimando all'infinito
chiedo a me stesso e a Dio
quale grande motivo ci sia
perché io non debba sapere
ciò che è mio, ciò che amo
Colpo in testa risuona
duro barattolo rimbomba ancora
porta sbattuta, l'impossibile
lettera spedita che non arrivò mai
lei che sa e non dice
lei che segue ma non vuole
lei che vuole ma non può
Mostri ruggenti salgono in volo
lanciano fiamme ardenti tutto intorno
scuotono la testa a dire no
mentre ognuno cerca riparo come può
e non sa degli altri
Una fila dopo l'altra per l'inutile forzoso
documenti scaduti che languono nel cassetto
una targa premio e un'altra ancora
e sono in attesa per la terza se potrà
Allora chiudo gli occhi e la vedo
è presente e sorride, mi vuole bene
e io la ricambio intenso
Ma li riapro: poster caduto non c'è più
cosa mettere al suo posto?
Certe cose non si possono sostituire

Galoppo di cavalli lanciati nel vento
sul verde prato del passato
macchine nere e piombo grigio nell'aria
oggi, nella città del pianto e del rimando
Ma la verità no
non si può dire, non la deve sapere
non si può dare ciò che gli spetta
deve piangere e urlare
deve soffrire e proseguire così
tortura immonda e cattiva
Ma nel mio pianto loro
verità splendente
si chinarono sul mio disastro
e mi amarono dolcemente
aprendo lo sguardo alla valle del vero
facendomi provare la vastità della gioia immensa
sì, certo, del creato, ma della verità mia più
profonda
come si prova davanti a panorama vastissimo
Testa che scoppia di dolore e io scrivo
cadrà un altro foglio dal calendario
e domani un altro e così via
attendendo il domani radioso
della arcana verità sepolta in giardino
lanciata lontano nel mare
resa irraggiungibile da loro
che hanno perso
perché la verità vince sempre
e ha vinto anche stavolta.

Roma, 19 febbraio 2016

CARA MIA

Scendo in riva al mare
il tuo mare, quello che ti faceva sognare
di prìncipi buoni e di canzoni stupende
Bagno la mia mano, le onde non ci sono
però com'è cambiato da allora
Uno scoglio in mezzo al blu
c'eri tu e sei rimasta
come un'attesa a lungo preparata
per viverla un momento
che già non c'è più
E allora guardo le tue fotografie
che bella da giovane
che bella da donna fatta
che meraviglia
Un gabbiano solca veloce il cielo
un treno passa e sbuffa
non torna più
E le fotografie finiscono
è lì il problema
ma se guardo un poco più su
posso sentirti ridere di gioia
e di soddisfazione
bella come sei
grande come sei stata
Leggera come una farfalla
che si alza al fiore
compari davanti a me
sorridi e mi calmi
io capisco e mi adeguo
Sentieri sconosciuti
percorro e mi perdo
fra crocicchi e trivi
che mi riportano alla memoria
che mi assolvono davvero

Non temo di perdermi
perché lo voglio
e so che tu sei accanto a me
e per questo, cara mia
non sarò più solo
Non giardini immensi
non ville reali
ho in serbo per te
bensì le ali della grande aquila
che prima ferita
oggi vola alta verso il fiume
e si abbevera sicura
Viaggio di sola andata
siamo noi
ma son sicuro
un giorno lontano e vicino
cammineremo mano nella mano
sul prato verde di cadmio
e ci inoltreremo felici e vicini
verso il Monte Pergine
ove il bosco sacro
e non più dolore
non più lacrime o freddo
non più bollore
bensì felicità e benessere
così grandi e mai provati
Buona notte cara Mia
ora sei arrivata
non andar più via

Roma, 24 febbraio 2016, ore 00:38

SALUTO AL SOLE

Sale ombra nera, di notte
malefica oltraggiosa
dapprima silente, poi nervosa
rimbomba ovunque terrifica
Fugge l'uomo, si perde la donna
cade una pera di nuovo dal ramo
ma non c'è più alcuno a mangiarla
Pioggia scroscia eco di suono nell'aere
tutto bagna e tutto affonda
mentre affogano le speranze nostre
Lenta progressiva follia
di attaccare la gente onesta
toglierle la borsa, non sentir aiuto
E poi ecco il sole, è estate
piedi nudi sulla sabbia bagnata
mani che dipingono
matite dorate, penne dell'oltre
un sorriso di ragazza
si capisce che è triste
e perché io no?
Germoglia una foglia e la sua compagna
nelle mille camere della memoria
volti, voci, echi uditi già
sappiamo come è andata
loro non lo sapevano ancora
Si vive di speranza, si muore di disperar
ma che capiscano che c'è bisogno d'amore
ed era soltanto quello chiaro
che io tentai di dire
Formiche lente e laboriose, egoiche
cicala la canta e ci allieta
ogni tanto elicotteri in volo
ricordi di fragoline di bosco
more nere frammiste a neri scorpioni

le lascio dove sono
mi volto verso la finestra
che bello guardarvi attraverso
nel sonno dei sogni
dove sgorga una sorgente viva
dove tutto vive e crede
Non so come farò domani
non me ne preoccupo più
lo farò e basta
Onda necessaria, sviluppo
onda malefica evito
E tu Donna celeste e buona
acconsenti alla mia pace
che la gioia sia con noi
e il tormento non abbia voce
Casa, giardino, un bicchiere di vino
letto, riposo, visioni dell'oltre
cristalli colorati mi aiutano
mentre mi perdo in un lento pranayama
Saluto al Sole, visione permanente dopo
Potessi farlo sempre, arrivarci è salute
Cammino anche io come gli altri
lento il passo ma mi sbrigo
arriverò stavolta in cima alla salita?
Musica, pittura, poesia
che altro volere dal destino?
Si, soltanto la fonte di essi
cioè l'amore.

Roma, 24 febbraio 2016, ore 1:07

FEDE, VITA

Mani nude tradite
lavoro continuo intenso
niente oggi e niente domani
lei che canta e io non la sento
oggi la sento ma non può
io che vinco, loro che perdono
io che salgo, io che riesco
loro che non mi seguono
Cos'è la fede dunque?
La fede è un suono di flauto
mentre fuori piove forte
scroscia e tuona
non restava che guardare
Percorso affannoso lungo
credere di sì quando è no
svoltare a destra e andare dritto
tenendo dritto il morale
Partita vinta al 98° minuto
quando magari allora non serve più
o forse serve ancora
C'è chi ha vinto tanto
chi si vanta di tre stelle
quando l'universo ne è pieno
e tutto mi pervade
Non cercare perché tutto è in ordine
tappeto nell'inverno
già è primavera
e io lo toglierò
Ripenso a quell'estate di pienezza fisica
che subito dopo caddi malato
oggi che ho l'influenza
e dolore fisico mi scosse tutto
e mi rialzai lo stesso
Capelli mossi al vento

affacciata al finestrino del treno
oggi non si può più
Amico tradito da se stesso
non rientra in stalla
e non comprende
le strade del passato
che non ci sono più
Cos'è dunque la vita?
La vita è il vedere tutto come normale
attuale e continuare così
quando la tua attualità di dieci anni fa
rivista oggi, è carattere e senso
è qualcosa di bello che non c'è più
e se c'è, non è lo stesso e non lo sarà più
Per questo dobbiamo vivere ogni momento
non importa se fuori o dentro
non importa se soffri troppo o sei felice
e dobbiamo fermarlo in qualche modo
con il raggio di una fotografia
che se non la stampi è perduta
E tu o cara, bellissima, da lassù
insieme a chi sai
non mancare di parlarmi ancora
di dare senso ai miei giorni
perché io vedo, ho fede e vita
e dunque so che ne è valsa la pena
Sole tramonta pure
non temerò la tenebra ululante
perché c'è pur sempre una Luna
che rischiara il mio cuore

Roma, 29 febbraio 2016, ore 1:49

SCRIGNO NASCOSTO

Scrigno nascosto, ancora
non trovo ma percepisco
lo apro con la mente
e ne vedo il contenuto
Documenti, manoscritti
storia locale, fotografie
ricordi di chi non è più
ma lo è nel nostro cuore
Dunque il segreto è nella vita
nel suo vivere qui e là
oggi come ieri
quando i cavalloni impazziti
si infransero sugli scogli
e non li scheggiarono mai
Dove giunge la memoria oggi?
Soltanto un po' più in là
quando c'è molto altro più indietro
Amorevoli danzatrici avvolte in veli trasparenti
con il volto coperto ma che occhi
Tutto puoi sognare di loro
ma qualcosa impedisce
Asfalto piegato a rompere caviglie
buche ovunque anche nella vita
nuove facce giungono
e sarà tutto uguale
Lento il tempo mi cambia
non è facile come prima
non sento la voce di una madre
non vedo l'abbraccio di un padre
forse c'è nebbia nella valle
o forse è percorso di alieni
Cavallo trotta e ritrotta
lo seguo con lo sguardo
ma non c'è, chissà dov'è

Silenzio, respiro, occhi chiusi
medito e vedo
entro nell'oltre
immediatamente
per me è facile
per altri è fantascienza
Kundalini che è salita
vedo i dischi, ne sento i messaggi
vedo gli angeli e non solo
Cavallo schiantato a terra
stramazzato di fatica
così chiudo tutto
e crollo sul letto
mentre il dormire è morte
che morte non esiste
dato che sogniamo
e coscienza siamo

Roma, 29 febbraio 2016, ore 2:09

IL CINEMA È

Pellicola gira riprende
obiettivo, apri chiudi
la muovi o la fissi
sviluppo proiezione
Cinema è vita
storia del passato
sguardo nel futuro
storia conosciuta
oppure storie mai conosciute
di gente senza nome
consegnata al pozzo nero del niente
Amo le immagini degli anni andati
macchina del tempo
il vissuto è qui e ora
ma è ieri, però rivive per me
Scrivo su carta i passi del film
i dialoghi a destra
i movimenti a sinistra
disegno le parti della scena
e capisco che sono io che creo
ciò che mi viene detto da lassù
Film è sequenza di fotografie
singolo fotogramma stampato
e dipinto per la memoria del domani
per far capire l'oblio e la dimenticanza
per dire che ero vivo
Immagini si rincorrono fino alla fine
sia che sia silenzio mistero
sia che sia musica da perdersi
Attore, certo, sempre
in una battuta che fa sorridere di cuore
in uno scambio di tormentosi sensi
Non mi perdo nel personaggio
entro ed esco e sono sempre io

macchina scassata e già un po' vecchia
che non si può cambiare
Il mio film: 'L'incontro'
Ecco lei si avvicina a me sorridendo
io già l'attendo, mi accingo ad aprirmi a lei
ma dialogava con uno dietro a me
e la perdo mentre si allontana, sfiorandomi
Scena due: lei si avvicina col suo grande cappello
bianco
ha gli occhi bellissimi
sorride e io mi guardo dietro
se c'è qualcun altro
Invece si ferma davanti a me
diviene seria e mi dice: tu per me sei tutto
Io mi sento come perso in una grande valle
magnifica
le sorrido e le do la mia mano
che accoglie gentile
Scena tre: due bambini giocano chiassosi
ed ecco una coppia di anziani attempati
che passa vicino a loro
un aeroplano che passa ci ricorda che è solo un
viaggio la vita
senza possibilità di rimediare
Film, fotografia, dipinto, musica, poesia
solo nell'espressione del tutto trovo verità
Vita: bianco spirituale, rosso passione
blu di Prussia meditazione
viola preghiera
arancio ci provo
azzurro son sereno
verde natura e vita
giallo lavoro
nero tormento e lacrime
Perché è questo nel futuro che ci colpirà
perché vogliono così

anche se siamo fragili
e predichiamo pace
fa richiamo soltanto la guerra
E allora sfogati dragone rosso nel cielo e nel temporale
finché non sarai costretto a lasciare spazio al sole e alla luce
finché potremo trovare una nazione
dove ciò che hai creato ha comunque una certa importanza
dove lei c'è e non se ne andrà mai più.

Roma, 5 marzo 2016, ore 2:43

FARFALLA FEMMINA

Lama d'acciaio fende l'aria
minacciosa e furente
Chiudo la porta dietro di me
ed entro nel pozzo dei desideri infranti
accumulo certezze, molte le amo
cerco la giusta via che mi sproni al meglio
ci penso ma non agisco ancora
La Luna non tramonta mai
e non è mai tenebra profonda
mentre il Sole acceca le mie stanche pupille
e non so se tenebra o luce
ma sempre bene, comunque
La cerco ovunque, ma non c'è mai
la sento vicina, ma chissà
non c'è davvero, avanti comunque
Fermata d'autobus, devo entrare
ma so già che scenderò dove capiti
pur di non restare all'àncora
Spighe verdi minacciose crescono
già son pronte a sparare
il deleterio polline che mi uccide lentamente
ed è natura, ma passerà
Silenzio, lavoro, attività, risultati
non gliene frega un cazzo a nessuno
ma non è così
ci sono riuscito, malgrado l'oblio
Traiettoria leggera di farfalla femmina
che non riesce a seguire una linea diritta
ora va là, ora torna laggiù
ma mai che ci si possa contare, imprevedibile
Inverno caldo, senza pioggia
asse terrestre deviato e terremoti in arrivo
una guerra già bussa alla porta
e si reclamano cinquemila soldati italiani

Dunque ecco qui: io c'ero
per amore e pace
infatti non vollero
ed ecco guerra e carestia
Tanti telegiornali, una sola campana
tanti giornali si insultano l'un l'altro
Che bella quella giornalista là
sembra capire il mio tormento
che tentai di lasciare dietro me
correndo come un forsennato
per le strade di Roma
quando nessuno riuscì a starmi dietro
e persi tutti, ancora una volta e una volta ancora.

Roma, 6 marzo 2016, ore 4:19

CANTO

Cara, no, non te ne andare
rimani ancora un po'
stringi la mia mano
mentre urliamo al vento
la nostra libertà

Suona chitarra come sai
vento e pioggia su di noi
un altro inverno se ne va
ma la tristezza rimane ancora
per una via di periferia

Colori di marzo sembrano più densi
come i tuoi capelli al vento
bionda o mora, rossa chissà
occhi che non temono
passo sicuro per la città

Stare insieme, condividere
per poi tornare soli
a guardarci dentro
se non ci sei è dura
ma torno a scrutare il buio

Pioggia batte costante
il ritmo del nostro tormento
non hanno capito, nulla si muove
fatico a stare in piedi
non capisco perché, senza te

Allaccio fili invisibili
messaggi da dove
immagini ambite
mani lontane

parole solitarie

Non mi rimane che una soluzione
uscire e tornare al portone
tentando di dare una spiegazione
a ciò che non ne ha
mentre noi sogniamo ciò che non verrà

Roma, 6 marzo 2016, ore 4:30

LA GIUSTA META

Notte silente prosegue inane
risposta certa ma criptata
non so decifrarla, ma ho inteso
comprendo leggero il senso
del fare quotidiano, lavoro
impegno, vita, percorso lungo
quando il senso è l'amore
negato, sì, questo è vero
ma pur sempre amore
Così freno la rabbia quando sale
la distinguo viola o nera, dipende
vorrei addentrarmi nei riti oscuri
per dare sfogo al mio io negato
guardare in faccia il demonio rosso
che poi dice: no, tu niente!
E diviene nero
allora lo odio, perché non vuole
e alzo lo sguardo al cielo
ove angeli celesti fanno a gara fra loro
a chi mi vuol più bene
e mi donano qualcosa su cui contare
e grazie a loro traspare sentimento
Bellezza, gioia di un momento
felicità, vissuta e andata via
ma tornerà, lo sento
Città per salire
per dare il meglio di me
per renderli partecipi
Solitudini s'intrecciano desolanti
in un bar di periferia
presso un'edicola al centro della piazza
e trovi qualcosa, tesoro prezioso
Viaggio, lungo e difficile
lo affronto sicuro

per giungere alla casa dell'amore
Amo la mia terra, la mia origine
piccolo giardino colorato
mi proietta nell'universo stellato
fatto di anime del passato
di momenti vissuti
e di astronavi luminose
dell'incontro con la Madre
che lì m'apparve bianca
com'anche in città, traslucida
Riposo, pittura, legger libri
Io lì ci rimarrei e non solo per morire
Alzo dunque il pennello verso il cielo
sono contento oggi
ho lavorato bene e nuove opere sono nate
il progetto va avanti spedito
non lo fermerò perché isolato
nascerà perché sedimentato
E quando il lavoro di questo duro anno
sarà giunto alla fermata del tempo
sarò certo di aver dato tutto
con tutto il cuore
Tutto ciò che volevo dire sarà stato detto
soltanto una cosa mancherà
e sarà quell'incontro con la verità
che però lassù si vedrà.
Non negarmi il tuo sorriso
comprendi la menzogna dove è
comprendi la sincerità dove è
non separarle
ma giungi alla giusta meta
e, per qualche attimo, di dipingere
di sicuro io smetterò.

Roma, 7 marzo 2016, ore 2:10

QUALI SONO GLI UOMINI?

Cammino per il sentiero dell'oggi
non mi volto indietro
né alzo lo sguardo avanti
penso agli uomini di ieri
Quali sono stati gli uomini di ieri?
Non generali, né presidenti io scorgo in me
nemmeno camerieri o barman gentili
non capotreni o agenti segreti in incognito
Io penso a Yogananda e alla sua stirpe di eletti
che videro il Padre e lo scorsero in Gesù
Penso a Gandhi che rimase fermo in pace
dicendo indipendenza e non sottomissione
Ecco anche Nelson Mandela, chiuso in una stanza
e tutti in festa fuori, eppure seppe attendere
il giorno della libertà per tutti loro
Oppure Martin Luther King il nero buono
che seppe vedere l'unità degli uomini
aldilà di ogni interesse di parte
Ho visto artisti uomini e donne, giganti
che hanno cercato libertà e sono morti
e l'avevano appena gustata
ma il male, si sa, reagisce sempre ad ogni bene
fatto
Ho visto donne e uomini persi ad inseguire il buio
che poi hanno capito la luce e sono tornati
hanno fatto del bene la loro vita, a modo loro
Se mi chiedi di me, cosa potrei dirti?
Soltanto lavoro ostinato
a costruire un sogno d'arte e di poesia
a dimenticare l'assenza nei giorni grigi e malvagi
a trovare Dio veramente
E se qualche conforto mi fu concesso
non mi alienai dalla lotta al maleficio
e seppi riconoscere questo in sé e non in un volto

a non reagire ma a fermarlo davvero
Cosa potrei dirti io oggi?
Soltanto la quiete e il silenzio mistici e magici
in cui aprirsi alla natura e al sé più remoto
con l'aiuto dello yoga
e del sostegno di pochi
E scoprire che c'è anche qualcun altro lassù
che vede tutto e ci visita ogni tanto
che si mostra diverso e avanti nel tempo e nella scienza
che comunica ma non disturba
che ci attende per il dialogo cosmico
che ignoriamo sempre, impegnati come siamo
come ignoriamo Dio e la preghiera
Ruscello leggero fresco
strada di città dissestata
mare lontano che non mi chiama ma è felice di me
i loro volti persi in una nebbia estiva
un passo avanti che non si può più fare
Ed io torno a respirare

Roma 11 marzo 2016, ORE 13:45, ora di pranzo
ma nun se magna ancora ... dunque notte

VASCELLO FANTASMA

Dagherrotipo fu la mia prima poesia
e dagherrotipi scannerizzo oggi
dunque vidi bene allora
che il passato non è morto
ma può rivivere oggi
e non va ignorato
malvagi che non siete altro
Chi perde la propria memoria
perde se stesso
chi cerca la propria memoria
pur se piccola
trova un tesoro
Riflessione, un vetro con le gocce di pioggia
un viso di donna che attende, che scruta
lasciati andare, sono sincero
eppure è già finito
dove trovarla oggi?
Il mio cuore sussultò eccitato
e dovetti calmarmi per non morirne
il dolore era stato troppo dunque
Lei o un'altra forse importa
ma scompaiono farfalle lontane e leggere
come fotogrammi di un bel film che finisce
e non vorresti
minuti scandiscono i secondi
era l'alba ed è già notte
il tempo sembra correre più in fretta
una volta c'era il tempo di annoiarsi
Vastità di luoghi immani
aprirsi al tutto terrestre e cosmico
capire che invece è universo e senza tempo
Il tempo è realtà materiale limitata
lo spazio lo accompagna amico
l'anima in noi ne è slegata

Busto vivo di Imperatore romano
aiutò i cristiani per primo
fu dimenticato dalla storia
e dai successori
Passo leggero per i vicoli di Roma
antiche chiese fanno capolino
mentre supero la galleria d'arte
vicino al forno del pane e al negozio di moda
un parrucchiere per donne
una fontanella schizza acqua e freschezza in estate
Quante volte sono passato da Santa Maria
quante volte ci ritorno soltanto con lo sguardo della mente ormai
Tutto è finito dunque? No di certo
tutto è cresciuto e maturato oggi
i visi e gli sguardi però non ci sono più
ma sono un uomo nuovo
Dagherrotipi di un tempo remoto a me legato
fotografie del mio viaggio in Roma
e ciò che più conta rimane nell'anima
che lo ha assorbito come carta assorbente inchiostro rosso
Vascello fantasma giunge nella nebbia
cosa mi porti tu?
Non c'è alcuno a bordo
ma, tu lo sai, è colmo di esperienza.

Roma, 11 marzo 2016, a cavallo fra il pranzo e la pennica che nun c'è stata

IL MIO DOLORE

Crepita esplosione nell'aere
salta la mia possibilità di essere
così è andata
Solitudine, cammino, necessità vitale
bisogna lavorare, non devo pensare
malattia e male da urlare
non solo denti e mal di testa
ma anche altre membra
fiamme intense nella mia vita
il mio corpo crolla a terra
la mia anima lo rialza
psiche e sogno
paura di volare
coscienza di non avere ali
e che me le hanno tagliate però
mano tesa per avere il mio pezzo di pane
negato con alterigia e molto di più ad altri
che nessuno conosceva
Martella campana la mia mente
so fare, lo so di certo
ma il cancello non è aperto
così lavoro che sembra perso
ma qualcuno si mostra e non è di questo mondo
amici di altre sponde di esistenza
Lei che mi sorrise vogliosa
ma non ha potuto
un'altra occasione persa
quando le altre erano state solo così
Picchio selvatico trafora il mio cranio
con colpi di tosse e di cattiveria umana
giaccio a terra sfinito, son caduto
non so più andare
amica vicina non parli
amico lontano non vuoi

chiesa istituzione per altri
polvere e sentenze le percepisco
Giornale che non dice
televisione per i potenti
e tu chi saresti?
Un barcone affonda con molti bambini
e si continua così, va tutto bene
Libertà che non c'è, né arriverà
anzi, tutto il contrario sarà
Chiudo allora la porta della mia stanza
prego davvero finalmente
e vivo me stesso e il mio mondo beato
in attesa che una passera finalmente giunga
non soltanto per mangiare il mio miglio
ma anche per cantare veramente per me

Roma, 11 marzo 2016, ma sono davvero molto ispirato allora :)

OLTRE LA COLLINA

Oltre la collina il nulla c'è
ma è ciò che è rimasto oggi
Giorni di arcobaleni doppi e tripli
lei è stata grande e non lo dite
lei è stato tutto e non lo sapete
il mare lì ha visto tutto
la finestra ancora apre le sue imposte
e chiede se c'è un giorno di sole
con nubi rosacee ed azzurre
se la raganella è rinata in forma di bianca colomba
Son caduto a terra, schianto forte e veloce
e nel cielo il suo volto
e così correvo veloce nel vento
per arrivare a lei il prima possibile
per superare la sua perdita
e giungere a vita nuova
con un nuovo sorriso
Oltre la collina tutto il mondo c'è
ma per me è nulla
quando ho trovato tutto in quel verde
bagnato da quelle acque limpide
perso in un bosco di fate ed elfi amici
dove ci sono anche i trivi magici dell'oltre
dove luci arancioni solcano i cieli a zig-zag
e poi ritornano ancora
Oltre la collina un domani incerto
quando tanti volti non ci saranno più
e rimarranno nel nostro ricordo
perché tutto cambia e si rimane soli
e la scelta è necessaria
Come potrei rinunciare alla collina dei sogni?
Asciutti pennelli si sono espressi bagnandosi
in numerosi colori meravigliosi
in traiettorie di vita non vissuta

e di ingegno finalmente espresso
e tele sono nate come d'incanto
dal nulla attraverso me
come nascerebbe una poesia
e l'ispirazione è tutta lì
nella collina dell'oggi felice
nella casa in cui perdermi in piani di esistenza
sconosciuti
dove, perduta la fede, in una lacrima di dolore
eccola tornare nel volto santo di una Madre
nella sua presenza corporea per me
il giorno del mio onomastico
Nella collina il domani ha il volto dell'oggi
e ieri ha la musica dell'amore
io rivedo il volto suo che mi chiede amore
e provo a darlo a lei
anche se nulla più è
anche se non è più
non sarà inutile
La collina infine è e sarà certo
la mamma che mi ama davvero
la compagna che rimane felice
la figlia che trova il sentiero vero
Lo so che è il tramonto
ma è invece una nuova alba
che apre il giorno giusto
quello del domani eterno
e non ci sarà bisogno di ripararsi
perché tutto sarà gioia e amore
ed io non sarò più solo

Roma, 12 marzo 2016, ore 16:23

GRAZIE ROMA

Grazie Roma che mi hai voluto nonostante tutto
che correvo bambino per le tue strade antiche
travestito da Batman nel 1970
Eppure scontro violento, preso a pugni ben presto
e io stesso a difendere il mio essere diverso
Calci ad un pallone inseguendo il futuro
segnando i gol della vita
essendo arrivato primo
ma costretto alla retrocessione
Alti libri consumati a scuola
compagni diversi anche loro
pazienti e veraci
da perdere per strada in un batter di ciglia
come tutti gli altri, sempre
A piedi da casa alla Basilica del Cupolone
per ringraziare della buona sorte
nella salute e a scuola
Primi lavori poi perduti
nel girare di una pagina
nel calendario del vissuto
Donne bellissime sempre intorno a me
occhi, sorrisi, contenuti davvero unici
e io che perdo il treno della vita
alla stazione del nulla estremo
E poi il nero volto del male
che parte da sopra
e tutto condiziona in negativo
fino a star male nella salute
fino a dover lottare per il domani
Roma di Trastevere serena
quando ancora tutto era in fermento buono
e si poteva prendere un gelato in compagnia

passando felici per Santa Maria
e c'era anche lei che dava senso a tutto
anche se non la vedevo
anche quando la incontravo
Trastevere - yoga - crescere davvero
si parte dalla stazione giusta
e si arriva alla comprensione totale
alla coscienza cosmica acquisita
Roma luogo di scontro di imperatori
dove senatore fu fatto pure un cavallo
dove ci fu il vero cristianesimo delle origini
quello dell'àncora e dei pesci
della *ecclesia domestica* e delle catacombe
anche quelle sotto casa di lei
che non poté essere
ma io avevo capito, ormai
Roma delle fontane che amò papà
città da lasciare al più presto
per poi tornare di certo
che, se non c'è, è nostalgia
che sai che lì è casa vera
anche se non lo vogliono
Ma quale è la vera Roma?
Come disse la Magnani
soltanto se esci a Ferragosto
la potrai trovare
quando tutto tace ed è silente
forse se esci la Domenica mattina
la ritrovi felice
Allora grazie Roma, città aperta invece
in un suono felice di campane
che hai visto l'oltraggio e la persecuzione
eppure ancora vuoi far male
grazie perché sei speranza comunque
anche se non risuona più il cannone del Gianicolo

ma è un nuovo giorno per essere noi stessi
e lo saremo, qui ed ora

Roma, 12 marzo 2016, ore 16:55

QUANTO È BELLA LA TECNOLOGIA

Quanto è balla la tecnologia
che tutto ci fa ammirare
tutto il mondo è più vicino
anche se non puoi viaggiare
Puoi perfino interagire
farti conoscere nel mondo
far conoscere il tuo lavoro
e qualcuno lo apprezza
e tu sei contento
anche senza essere il migliore
anche senza arrivare in alto
Tante volte mi son ritrovato
di notte a navigare
certo per dimenticare
ma anche per far ricordare
ciò che si può amare
ciò che si può trovare
E però quando tutto si blocca
quando qualcosa non va più
e si crea un inconveniente
che non puoi più andare avanti
magari col modem
magari con i parametri di installazione
se sono molto stanco
non ho energie per combattere
vorrei soltanto prendere un bel bastone
e tutto sfasciare davvero a bastonate
come un primitivo nelle caverne
Poi però recupero coscienza umana
e mi impegno a risolvere l'inghippo
e mi studio e mi ingegno
Un modem che non andava
al negozio poi perfettamente funzionava
e daje a dire che ero io il fallace

ma se non funziona a casa
che cosa posso farci
se prima funzionava?
Portare pazienza
provare e riprovare
finché il danno scompare
E poi benedire la santa pazienza
che mi ha fatto continuare
che mi ha consentito di riparare
che mi ha ridato la coscienza
Il segreto è nell'imparare
a tutto sopportare
e poi al Cielo tutto offrire
a beneficio migliore
di quando lì dovremo tornare.

Roma, 13 marzo 2016, ore 20:00

FINE

Aurelio Nicolazzo

Poesie in Ordine Sparso

Poesie 2016-2018

Prefazione "Poesie in Ordine Sparso"

Nell'attesa infinita per la pubblicazione di questa antologia poetica, parto assai doloroso, ho dato vita a poesie che ho riversato su Facebook e ho condiviso con le amiche e gli amici a me collegati, nel gruppo "Aurelio Nicolazzo poeta", nato appunto per sostenere la pubblicazione dell'Antologia. Ringrazio dunque tutte le persone che hanno dimostrato interesse per le mie poesie e che hanno avuto, insieme a me, la pazienza di attendere questa opera. Buona lettura.

L'Autore

2 GIUGNO 2016

Marcia d'eroi che noi fummo, così dimenticati
sorpassati da cronache di ribelli in fiamme
come autobus di città mai conosciuti
Restare in disparte a cercar di capire
trovando un filo rosso che si dipana
dal gomitolo della vita
che rotola ormai giù dalla scesa
e mai si ferma, crudele
Correre nel vento, quando strade finirono
e piste e campi e medaglie e onori
giorni in cui costruire il sé ormai estinto
trovando semmai un suono, un colore
una armonia plausibile in una eco che non torna più
Sabbie dorate di donne spogliate a prendere il sole
mare, acqua calma che domani non sarà
terra trema di terrore al sapere cosa accadrà
come tremai io di fronte al buio che non c'è
alla vita che era diventata altro da qui, un istante
Scelsi la pace e trovai guerra
scelsi il lavoro e non trovai da vivere
cupe nubi ritardano la primavera
e tanta fatica per un po' di pace negata
seppur riconquistata
Eppure vale la vita
vale nel suo sorriso di un attimo inclinato
su remoti destini ormai dimenticati
nel loro operare davvero immenso
e nessuno ne parla, memoria non conta
Allora cammino irruento
cammino a passo veloce
per giungere lontano davvero
senza muovermi di un metro
e il cammino è vita

è la meditazione dello yogi
è l'acqua salata un dì di aprile
è l'orizzonte mai domo
di aprirsi ancora
ad un'alba felice

dopo uno struggente tramonto
Roma, 2 giugno 2016

ANIMALI CON NOI

Solitudini infrante dallo scoppio di primavera
animali con noi e per noi
ci guidano, ci tengono compagnia, ci amano
Li preferisco liberi alla natura
felici e indipendenti
quali mai più noi
Quanto è grande un passero
nel suo creare nido e vita
dare e ricevere alimento
Spietata cornacchia del malo augurio
oppure fortunata coccinella del domani felice
la incontro fuori su una verdeggiante piccola pianta
e riposa lì, in attesa di essere vista
di donare giochi di fortuna
a chi la vedrà
Africa, certo, proprio Africa
di pachidermi come in India lontana
di zebre e giraffe che non sono allo zoo
di leoni da non disturbare
di un mondo felice sempre in pericolo
dove mano missionaria ha aiutato
bimbi poveri e genti malate
dove arma ha venduto, per lo scontro
e la vita costa dunque
Animali felici a casa con noi
ci confortano, ci difendono
sanno anche spiegarci
Come animali da cortile
per alimentarci e sostenerci
Non ci crederesti mai
eppur, nella telepatia,
amici alieni mi mostrarono
gli animali della terra
liberi e felici eppur minacciati

da uomo spietato e affarista
colui che non ascolta mai parola saggia
colui che è iniquo fin dal principio
Allora, animali cari, giocate con noi
tenete compagnia ai bimbi felici
e dite al Signore chi vi ha aiutati
e chi invece vi ha uccisi
nel perdono.

Roma, 4 giugno 2016

CERCANDO LA VASTITÀ

Giorno freddo arido astuto
buio di notte solitaria
sorge un sole freddo, luce non molta
forse essere lieti di questo?
Era meglio la Luna di notte
che scaldava davvero.
Occhi scuri di misteriose verità
sorriso insuperabile, mi perdo in esso
onde rotolano aliene verso gli scogli
mentre volto lo sguardo alla terra lontana
alla collina dell'amore dove voglio tornare
Amore odio passeri insieme a me
bianche colombe della pace
si fermano e annunciano un arrivo felice
che poi non lo divenne più
Cammino con lo sguardo volto verso il basso
e invece leggo e procedo
parole, linee di testo appese sul dove
rami di ulivo che appassirono troppo presto
ed oggi tocca essere decisi
e lei ne è capace, l'ho sempre detto
ma nessuno ha voluto ascoltare
Ieri perso è invece vivo e presente
lo posso vivere, ascolto sorpreso
a volte la vedo, comunica come presenza viva
tanto sperata quanto non pronosticata
Vi è dunque una sola risposta
al maligno nulla estremo
ed è stare insieme liberi uniti vivi tutti noi
che crediamo nella verità e nella santità
della vastità terrena, sublime
speculare alla vastità eterna nell'oltre vero
Dunque procediamo sicuri nel costruire il nostro percorso

poiché non conta il risultato, ma ciò che avremo
dato.

Grazie.

Roma, 6 giugno 2016

VITA ALMENO

Quale vecchia arida senza ieri
che mi schiaffeggia oggi si e pure ieri
è stata questa vita
Nuvole di terra che s'alzano lontano
e mille cavalli corrono verso me
mentre il cielo è terso e non fa freddo
Sempre calmo al mio posto
fino a capire che bisognava uscire
dal litigioso letargo urbano
per iniziare a scoprire
per sapere come costruire
Bombe continue dall'alto
aerei neri e rossi, perfino bianchi
una buca, cercare dove nascondersi
quando non puoi chiamare
per evitare il male ad altri
Alta statua maligna, ho studiato e lo sai
esami superati e poi non più dati
Abazie crollate sotto il peso della storia
monaci in fila camminano lenti
con la candela dello spirito accesa
con il capo coperto
ancora vedo lì
dentro il cristallo trasparente
in moto lento
o sul posto del ieri che non trafigge l'oggi
Raggi di luce, onde sonore
stelle cadenti, qualcosa si muove lassù
chiudo gli occhi, respiro lento e profondo
esco da me stesso e incontro l'oltre
per capire e poi tornare ancora
quando di *prana* ce n'è pochissimo
o quando invece ne ricevo tantissimo
Quiete salvifica ma movimento al fare

costruire lo stesso le traiettorie
di un oggi plausibile
perché è vita almeno
mentre ascolto musica soave
e spengo l'ordigno di Satana
dapprima restio e oggi convinto
Esempio, palline di cristallo che rimbalzano
colorate
e attirano al capire chi odia e distrugge
e lo trasforma in qualcosa d'altro
E tu che non hai accettato il suo aiuto
lei che era cambiata col cuore
oggi hai dolorosa responsabilità
ma lei si è salvata
e tu giudichi soltanto
E io che son morto quattro volte
e la vita non m'ha lasciato andare
ancora speri forse?
Falsa quiete di notizie non date
muovono le menti altrove
e ripenso sconsolato
quando morii senza respiro
in quella corsia nascosta allo sguardo
e mi salvò una mentolata sigaretta meravigliosa
datami da un angelo di corsia
Raggi di luce, onde sonore
stelle cadenti, qualcosa si muove lassù
chiudo gli occhi, respiro lento e profondo
esco da me stesso e incontro l'oltre

Roma, 9 giugno 2016

TRASTEVERE

Bella Trastevere agghindata a festa
di un giorno comune pieno di speranze
per il nero che ti vuole vendere il bracciale
per colui che espone i suoi quadri
e per colei che ancora dorme a quest'ora
ma è ormai felice.
Io passai vicino ai tuoi negozi e ne ero fiero
la cartomante all'angolo salutai
mentre all'antico forno mi rifornii
di ogni bene di dio culinario
La cartolaia per due cartoline
e un manifesto appesi per chi volesse venire
all'evento celeste alieno
Un liutaio ancora ripara strumenti
che poi sapienti mani suoneranno
Vasi di fiori da quella finestra lassù
vicino al bar dell'amore
dove sorseggiare sereni una cosina leggera
e vedere al grande schermo i concerti di allora
Viali antichi di coltelli e amorosi baci
osterie dove mangiare e bere e sognare
certo, il vino de li castelli
ma anche i suonatori un po' dovunque
Laggiù riannodai il filo di mia vita
non aggredendo la vita
bensì sedendomi a meditare
nella palestra dell'altrove sereno
imparando chakra e pranayama
salendo alto al cielo
Amici sinceri e cari, visti e poi rivisti
un tratto lungo di strada insieme
poi si spicca il volo, ognuno per sé
e oggi come allora tanta gente a seguir
la statua della Madonna Santa

chi la saluta dai balconi
chi la benedice ai lati della strada.
Perché il romano è buono di cuore
e ti spalanca una città per farti star bene
e s'accorge pure di chi imitar vuole
la marionetta di Pinocchio, lassù.
Oggi però c'è lei, la leggiadra amazzone
del leggere ma non scrivere
del volere ma del non potere
del desiderio infernale
come del volo celestiale
colei che infinite bobine da cinepresa
lasciò roteare nella macchina della vita
per tutti coloro che hanno capito
quelli che pur non essendoci, ci sono stati.
Lento, placido, tranquillo Tevere estivo
te ne vai al mare sicuro
mentre io invece mi accingo davvero
a menar la strada per la collina
Si lo so per sicuro, Trastevere anche mia
con te nel cuore
ovunque al mondo ormai posso andare
convinto che l'orientamento
ora, quaggiù, giammai perderò.

Roma, 29 giugno 2016

VOLO VERSO IL BLU

Volo via verso il blu che vedo laggiù
fino a che diviene mio in me, in noi
Lo so che è finita ieri
ma l'oggi lo pretendo con forza
lo voglio cercare anche dentro la terra
che assorbe la pioggia di un giorno di solitudine
quando ovunque è notte
ma non come nel cuore mio
dove c'è luce, sì luce da vivere ogni giorno
Non si è mai soli davvero se si sa guardare intorno
se si schiudono gli occhi al volo libero del dunque
quando ti accorgi che è tutto vero
quando non le trovavo più
e invece erano ancora lì, in fondo agli occhi miei
e bastava un sorriso per abbracciarle tutte
grandi e semplici al contempo
guerriere di domani, del libero vivere
per fermare l'orrore, tragico rosso o nero
che però non è italiano
per capire che la pace non è un concetto astratto
ma un capitolo da leggere e da vivere
insieme e per sempre
Onde magnetiche a spezzare la solitudine
di tanti giovani allo sbando
e non c'è umiltà lassù, non c'è consapevolezza
e io qui non giudico, io cerco soltanto
cerco i suoi occhi che sono l'eclissi del sempre
che so che non rivedrò più, ma lei è con me
e nessuno ascolta il lamento di mille e mille
che furono vittime del cercare altrove
la propria libertà misera ma bella
E lei, carina davvero, irraggiungibile al fatto
cordialmente comprese il volo dello stormo magico
e mi si rivelò come figlia del fuoco e della terra

ma non del vento, però lei c'è
O lei che se ne andò per ritornare ai nostri tempi
imperterrita ad urlare: «No war!»
ma senza ipocrisia, sì
a combattere lei nel sociale possibile
l'aiuto ai bisognosi sfrattati dal ferro
nel canto dell'Olimpo degli dei buoni
che mai si fermerà ed è già anche mio
Lei che invece diede tutto alla musica
e mai incontrai e fu la Divina creatura
che tanto bene ai cuori diede
e chi non la segue ancor oggi?
Cantò per me dal Monte dell'Oltre
con il mio ringraziamento eterno
che si fece musica anche mia
Tante altre ricordai quella notte dispersa
ma soltanto una arrivò alla meta del diverso vivere
dove ranocchie saltellano isteriche ovunque
mentre le nere formiche mettono da parte per
l'inverno
I suoi neri capelli, i suoi occhi neri
si aprirono come incanto benevole
a far inchini al fato che fu benevolo
nessuna creatura osò andare al ballo del vero
come lei che poi se ne andò per venire da me
per abbracciarmi sincera, per darmi il suo amore
vero
in un suono di mille organi che dal tempo dei colori
è giunto fino a me, anche per me
Grazie a te piccola donna grande davvero!
E grazie alle donne che hanno combattuto per la
verità
tutta intera che è simbolo di libertà
da perdere e ritrovare
da riperdere e da ritrovare ancora
fino a che il lume dell'esistere non si spegnerà.

Solitudine è a me sempre compagnia
mentre compagnia diviene spesso solitudine
e allora non perdiamo la speranza, no
e cerchiamo lassù dove è, sempre.

Platania, 10 agosto 2016

SHE WILL BE THERE

Through the mountains
up of there
when the sun was over
breaking the wall
looking for us
She smiles again
only for a fly of the butterfly
the dark is around
and I'm searching for her
without touch the flowers
looking for the sea
of her young age
Sing my soul
don't stop it
and find the new day
in a sound of new wind
just over the hill
Yes, I know
she will be there for me
and I'm searching for her
every little day of my life.

Platania, 14 agosto 2016

IL CAMMINO

Non si sa dove si nasce
perché si nasce
dove si vada
chi lo sa
Eppure una voce me lo disse dove
che ero ancora di là
e così è stato davvero
Ricordo un cammino difficile
colmo di pietre irte e vigliacche
che mi ostruivano il Sole e la Luna
ma che non poterono fermare il mio passo sicuro
Cambio città, cambio casa, cambio amici, nessun parente
mille volte e mille ancora
e la direzione era preordinata: Roma la grande
Anni di denari e di acquisti, di gioventù e di amori
di speranze e di stabile governo
fino alla presa di coscienza dell'essere
che vide che la libertà era nell'aria
che nessuno doveva impedire
Urlo di libertà e di gioia
musica, colori, coscienza del sé vero
fino alla rottura per fame e per delusione
alla violenta reazione alla realtà comune
che dava sì molto, ma non a tutti
anzi, alcuni al bando, altro che storie
Ma anche questa ondata si fermò
e ne cominciò un'altra ribelle
che rompe tutto per comandare
e gli esclusi rimasero tali
Non c'era verso
e rimasero soltanto i cocci
ad essere incollati sul monte della speranza
che però li scaraventò a terra

fino a spaccarli di nuovo
Sonda marziana schiantata al suolo
Non è il viaggio verso l'esterno che ci salverà
bensì il viaggio dentro noi stessi veri
liberi da infrastrutture e condizionamenti
senza pensiero né volontà
a scrutare il buio vicino
per trovare il senso dell'essere superiore
alto e altro da noi, che ci guida però
a capire che non è l'accumulo o il potere
ma la gioia del cuore, da lassù
che esiste ed esiste ancora
e che mai finirà

Platania, 23 settembre 2016

LENTO EMIGRARE NON COLGO

Botti, scoppi, squassi di mezzanotte
luci, fuochi vicini, gioia che esplode
boati nella mia anima ferita
alla ricerca del semmai eterno
che dia conforto al pigiare quotidiano
al desiderio vivo dell'essere perduto
in una sosta di autostrada lontana
e mai più riavuto e cercato
in un pomeriggio di quiete in città

Scendo dal soppalco del sogno
ma non trovo la scala per l'eterna alba
che fecondi e germogli
lì dove soltanto sale e nubi
e niente più

Pellicola impressa sviluppata oggi
da mani ormai insicure al pianto vivo
immagini scorrono che mostrano il nulla oggi
parole al vento urlate dai megafoni atoni
mentre si mangiano volentieri le parole

Rosso, vivo, vero scopro in me
lì dove urli "A" e nasce "B"
dove dici "C" ed esce "D"
Rammarico non ho
antiche comari vestite da pacchiana
non parlano, no, ma fanno di più:
portano in testa la brocca d'acqua
o i panni da lavare al fiume
non oziano giammai

Rivedo ancora in me il tuo sorriso felice
quella tarda mattina d'estate

Non potevo immaginare mai
e il cuore finalmente si scaldò
e io rinacqui a nuova speranza
e furono nuove armonie
il meglio che ho potuto dare
non tanto per me, ma per te
affinché potessi esserne felice
parlandone con un'amica

Pensieri, traiettorie alate
io non so alcunché, però cerco tutto
Nel mio muovermi incerto
lento emigrare non colgo
però lo desidero, lo ansimo
perché nuova vita sarà
e non si alzerà l'incredulità del nulla
non troverà più terreno

Anche tu, cara amica di lassù
cantiamo e suoniamo insieme
mi parli, mi conforti, mi guarisci
E allora c'è un dio che vede e interviene
persona amante dietro la porta dei miei giorni
in cui soltanto vaghe note udite alla radio
e si va veloci verso il giardino di solitudine
Grazie dunque anche a te
bellissima tigre che vinse il dispregio e il male
che giunse fino a lì, davvero
dove nemmeno un amico arrivò

Grazie anche a chi mi generò
nel mentre del no
nel fuggir recondito lontano
dove non si può, dove non si deve
e io oggi invece devo potere
così come devo volere

giungendo al Luna-Park del vivere sereno
della felicità ritrovata, evviva
che non è più solo nozione di banco di scuola
bensì passione viva e cultura rinata

E allora oggi non farò alcunché più
mi allungherò su questo letto di città
e aspetterò il domani e quel che darà

Roma, 3 febbraio 2017

MINUETTO DEL VENTO

Vento, lento, sole copro
si posò accanto a me
fu lì per me
che solo io potei capire
e nessun altro più
Nera come la notte
profonda come l'oceano
dolce più di ogni possibilità
non fustigazioni ma amore
sentii in me
mentre mi abbracciava sicura

Vento, lento sole copro
e non mi esalto
il lavoro volò alto
nella sua scatola racchiuso
e non occhio e non mano
bensì tutto sembrò invano
Placido mi assolvo da ogni minuzia
e accendo una rossa candela
perché tutto inizia

Vento, lento, sole copro
sorte avversa, che ti volti a fare?
Dove cercare allora
quanto sarà in misura
verso l'olmo e il platano
contro graminacee ostili
e mai oltre il mare?
Siamo in coda per il nostro
e invece danno a loro
non si curano, non vogliono

Vento, lento, sole copro

e oggi ancora spero
in altri occhi belli davvero
occhi di sapienza e rigore
di dolcezza e gioia
di imparare come
di incominciare a trovare
Certezza in lei che sa
fierezza in lei che rischia
e non più fragile operaia del vedere
ma vera amazzone del vivere oggi, ora

Aere placato, velocità sicura, sole non voglio
ieri non c'ero, ma oggi rivoglio
affinché i cubi rientrino nei loro solchi
e l'orizzonte maestoso del domani
esploderà in mille colori di felicità.

Roma, 10 febbraio 2017

VOI SIETE

Voi siete i rami intrecciati
verso il cielo del domani
in un prato di serena gioia
non comparabile ad alcun successo,
magari li avessi avuti
Siete il presente sì
contro il doloroso no
che spezza le stagioni
ed erige muri di tormento
quando il mare è lì
ma non puoi vederlo
quando anche di là
della palizzata dell'oggi
vi sono anime che danzano
nell'amore di un perché
che si schiude ad una primavera
che è di pianto, sì
ma anche di consapevole verità.
Siete il volo all'incontrario
verso l'isola della salvezza
siete l'orologio senza lancette
che segna il sempre e il sì.
Siete la paziente attesa
che si rigenera nella nuova speranza
e nel colore dei sogni
siete il mio tutto e il mio sì
Grazie.

Roma, 21 dicembre 2017

A LEI

Questo vento che soffia ovunque
che muove le foglie degli alberi
che spazza le strade grigie di tormento
e tu non ci sei, sei proprio nel vento
non sei su quella strada, non più
Ed io ho dipinto di nuovo
mai stanco, ma abbattuto in me
e che opere, cielo mio
e pur non basta ad abbracciarti
a vederti, a sentirti
Eppure ci sei, lo so
mi guardi e sorridi
sei contenta, vorresti di più
anche se non arriva
Loro combattono l'amore
questo è il quadro
tra una dimensione e l'altra
fra cielo e terra
ove amori si staccano e cadono
ove demoni e angeli volano
gli uni contro gli altri
Sarà, ma non mi convincono
credo solo in me
so che è vero, giusto
e allora mi seguo, mi esploro
mi cresco e mi sollevo
Avrai il sorriso della Luna piena
quando è tutto buio intorno a me
avrai la luce del Sole
quando non vedo intorno a me
avrai il sorriso del tutto
e tu sarai in me ed io, per sempre, in te

Roma, 8 marzo 2018

PENSIERO ASTRATTO

Il pensiero astratto ci salverà
dai mostri concreti

Roma, 21 marzo 2018

L'ARTE È

L'arte è un sogno di pace
espresso nella materia
di ogni giorno difficile

Roma, 23 giugno 2018

LUNA ROSSA

Luna rossa, apri il tuo cuore
alla mia speranza d'amore
oppure scompari a ricordo
del mio inconosciuto dolore

Anno 2009

FINE

INDICE

Stampato da The Factory Srl - Roma
per conto di Borè Srl